Binh Tu Van

O desenvolvimento do pangasius no Vietname e a sua evolução

Binh Tu Van

O desenvolvimento do pangasius no Vietname e a sua evolução

ScienciaScripts

Imprint
Any brand names and product names mentioned in this book are subject to trademark, brand or patent protection and are trademarks or registered trademarks of their respective holders. The use of brand names, product names, common names, trade names, product descriptions etc. even without a particular marking in this work is in no way to be construed to mean that such names may be regarded as unrestricted in respect of trademark and brand protection legislation and could thus be used by anyone.

Cover image: www.ingimage.com

This book is a translation from the original published under ISBN 978-620-2-05072-2.

Publisher:
Sciencia Scripts
is a trademark of
Dodo Books Indian Ocean Ltd. and OmniScriptum S.R.L publishing group

120 High Road, East Finchley, London, N2 9ED, United Kingdom
Str. Armeneasca 28/1, office 1, Chisinau MD-2012, Republic of Moldova, Europe
Printed at: see last page
ISBN: 978-620-8-24373-9

ÍNDICE DE CONTEÚDO

Capítulo 1. Introdução

Os produtos da pesca têm desempenhado um papel muito importante na alimentação quotidiana das pessoas. A procura das pessoas segue uma tendência ascendente, porque o seu rendimento, a procura de nutrientes e também a população têm vindo a aumentar. Para fazer face ao aumento da procura, muitos países desenvolvem a aquicultura, em especial os países com uma vantagem comparativa em termos de recursos naturais, como é o caso do Vietname. De facto, o desenvolvimento da aquicultura tornou-se o sector de produção alimentar que mais cresce no mundo. A aquicultura expandiu-se, diversificou-se, intensificou-se e avançou tecnologicamente e, como resultado, a sua contribuição para a produção de alimentos aquáticos aumentou significativamente.

Os países que dispõem de recursos naturais ricos têm grandes oportunidades de reduzir a pobreza. O Vietname e a Tailândia são bons exemplos: o crescimento do seu sector é rápido. Em alguns casos, este crescimento tem boas actividades de planeamento e regulamentação, tais como questões de proteção ambiental e de segurança e higiene alimentar. Em muitas áreas, assistiu-se a uma recuperação regulamentar, com requisitos desproporcionados, uma vez que se registaram conflitos na utilização dos recursos e a escassez dos mesmos se tornou mais restritiva.

Com o rápido crescimento da produção aquícola nos países em desenvolvimento, os países desenvolvidos prestam muita atenção às medidas sanitárias e fitossanitárias antes de importarem os produtos da pesca, e preocupam-se com outros atributos do produto, como os impactos ambientais e sociais da produção, conhecidos como barreiras não pautais. Esta atividade destina-se a proteger o mercado interno. Além disso, alguns países desenvolvidos ergueram prudentemente barreiras comerciais e tecnológicas, pelo que as imposições de impostos anti-dumping e de barreiras não comerciais se tornam evidentes.

Embora os mercados importadores de produtos aquáticos imponham rigorosamente a qualidade dos produtos, a produção aquícola tem vindo a crescer há décadas, tendo a sua quota atingido 49% em 2007[1] . Além disso, com base nas estatísticas da FAO, o consumo mundial per capita de peixe e produtos da pesca tem aumentado de forma constante nas últimas décadas, passando de uma média de 11,5 kg na década de 1970 para 12,8 kg na década de 1980 e 14,8 kg na década de 1990. [st] O consumo no século XXI continuou a aumentar, atingindo uma média de 16,4 kg per capita no período de 2001-2003. Os dados preliminares relativos a 2006 e 2007 revelam novos aumentos da disponibilidade de peixe per capita para 16,7 kg. Isto significa que a procura mundial de produtos da pesca apresenta uma tendência ascendente, o que constitui uma boa oportunidade para os países em desenvolvimento que exportam produtos da pesca. Paralelamente, os preços estão a subir para a maioria das espécies e produtos da pesca, em especial para as espécies selvagens provenientes da pesca de captura, ao passo que os preços das espécies cultivadas apenas registam

[1] http://www.globefish.org/files/FISHERIES%20EXTRACT%20FINAL%20FULL%20PDF_602.pdf

um crescimento moderado.

O Vietname é um dos principais países do mundo exportadores de produtos da pesca. O sector da aquicultura vietnamita tem um grande potencial, por exemplo, condições naturais confortáveis e uma mão de obra rica. Devido às exigências rigorosas actuais, o Vietname adoptou muitas políticas inovadoras relacionadas com o desenvolvimento da aquicultura. O desenvolvimento agrícola, por exemplo, a produção de arroz, foi gradualmente substituído pela expansão e pelo desenvolvimento da aquicultura a nível nacional. A aquicultura desenvolveu muitas variedades, desde a piscicultura em pequena escala em tanques até à piscicultura de alta tecnologia em grande escala, por exemplo, o Pangasius. Paralelamente, o governo redefine e modifica as perspectivas dos papéis dos sectores governamental e privado, incluindo as associações e organizações de produtores, na gestão do desenvolvimento da aquicultura. Os objectivos são alcançar um desenvolvimento sustentável e tecnologias respeitadoras do ambiente, melhorar o rendimento dos aquicultores, explorar as vantagens dos recursos naturais, criar novas oportunidades de emprego, reduzir a pressão da pesca sobre os recursos marinhos vivos e reconstituir as unidades populacionais esgotadas.

Capítulo 2. Objectivos do estudo

Pangasius é o nome científico de um peixe-gato de água doce com duas espécies: Basa *(Pangasius bocourti)* e Tra *(Pangasius hypophthalmus).* Estas duas espécies são muito populares no delta do Mekong, na parte sul do Vietname. A análise da indústria vietnamita de pangasius em transição concentrar-se-á na identificação de mudanças na situação da agricultura através de um movimento do mercado dos factores de produção e da produção. A análise das políticas destina-se a avaliar principalmente o seu impacto na piscicultura e no comércio do pangasius. A cadeia de valor é apresentada e descoberta. As políticas relativas ao plano diretor do governo, ao ambiente, à segurança dos produtos e à garantia de higiene, à extensão da aquicultura e ao reforço das capacidades, bem como à organização da piscicultura, estão em causa. Como resultado, a avaliação dos desafios e riscos da indústria do pangasius é fundamental para o desenvolvimento de estratégias de desenvolvimento sustentável. Os objectivos da tese são os seguintes

O objetivo geral do presente documento é melhorar a eficácia da produção e do consumo de pangasius através do aumento da qualidade e do poder competitivo, a fim de satisfazer a procura do mercado nacional e mundial, aumentar a rentabilidade, assegurar o desenvolvimento sustentável e aceder também à integração económica internacional. Os objectivos são os seguintes

- analisar o desenvolvimento do pangasius em função da evolução do ambiente e determinar as alterações na cadeia de mercado do pangasius.

- Identificar a influência de um litígio comercial nas caraterísticas económicas da produção de pangasius.

- Avaliar o desempenho das políticas aplicadas.

- Fornecer estratégias de desenvolvimento e recomendações que visem um desenvolvimento sustentável do sector, em resposta a uma crescente orientação para o mercado.

Capítulo 3. Recolha de dados

As províncias selecionadas para o inquérito são: An Giang, Dong Thap e Can Tho. Estas províncias são as principais produtoras de pangasius no Delta do Mekong (MD). Há 169 inquiridos, que são criadores de pangasius. Além disso, é considerado o método qualitativo baseado no workshop, que foi realizado sobre os seguintes temas: (i) um estudo de mercado do pangasius cultivado no Delta do Mekong realizado em 2003 e 2005; (ii) os pontos fortes - pontos fracos - oportunidades - ameaças (SWOT) da área da aquicultura realizada em 2005. Os principais participantes provinham de organizações relevantes (Comité Popular, Departamento de Agricultura e Desenvolvimento Rural, Departamento de Comércio, Centro de Incubação de Alevins, Secção de Recursos Pesqueiros, Divisão do Serviço de Extensão Agrícola, empresas de materiais e empresas de exportação e transformação). Além disso, a avaliação de peritos foi realizada em 2006 em três províncias, conforme mencionado acima, tendo sido considerados 21 inquiridos, que são os líderes das organizações estatais da província e do nível distrital do Departamento de Agricultura e Desenvolvimento Rural, do Departamento de Comércio, do Centro Estatal de Incubação de Alevins, do Departamento de Recursos Naturais e de Proteção do Ambiente, da Associação de Pescas, do Gabinete Agrícola Distrital, da Empresa de Exportação e Transformação e dos Supermercados. A maioria destas pessoas é relevante para criar e implementar as políticas de desenvolvimento da aquacultura, para forçar a sua ideia a determinar os desafios e as oportunidades da indústria do pangasius.

Capítulo 4. Economia de transição e pesca no Vietname

Devido às suas condições geográficas vantajosas, a produção agrícola do Vietname tem crescido muito bem, contribuindo anualmente para o aumento do orçamento do Estado, para a criação de emprego e para a redução da pobreza. Por conseguinte, o governo adoptou muitas políticas relativas à reforma da produção agrícola, tais como a transição da estrutura da pecuária e das culturas. Entre elas, o desenvolvimento da aquacultura tem sido alvo de interesse. De facto, a área da aquicultura foi expandida enquanto a área da produção agrícola, por exemplo a produção de arroz, foi reduzida. Desde a transição da economia centralizada do Vietname para a economia de mercado livre, em 1986, o Vietname tem vindo a ocupar posições de exportação famosas, incluindo arroz, camarão e peixe de água doce (por exemplo, pangasius).

As mudanças mais impressionantes no Vietname verificam-se no sector agrícola, que transformou o país de importador líquido de arroz no segundo maior exportador mundial de arroz em 1997, a seguir à Tailândia (em quantidade)[2] . Além disso, o Vietname é um dos principais exportadores de produtos do mar do mundo, sendo os produtos da aquicultura responsáveis por mais de 40% do volume de produtos do mar produzidos e por quase 60% do valor[3] . Consequentemente, o mercado rural desempenha um papel muito importante e necessita de um ambiente favorável para atrair os sectores económicos para as suas actividades. Se não houver uma boa ligação entre o sistema agrícola e o mercado de produtos, a produção dos agricultores depara-se, naturalmente, com problemas.

A política da aquicultura pode ser vista como um processo em duas fases. A primeira fase é uma discussão sobre o que deve ser feito. Este é o processo de identificação dos objectivos do processo de elaboração de políticas. A segunda fase é uma análise da forma de utilizar os poderes dos governos e dos mercados para atingir os objectivos identificados (Drummond e Goodwin, 2004). Os governos iniciam e implementam a política de aquacultura com um ou ambos os objectivos: beneficiar os consumidores ou proporcionar ganhos aos produtores. As políticas dividem-se principalmente em duas categorias: (i) política de desenvolvimento e (ii) política de compensação (Heady, 1962). Em termos de políticas de desenvolvimento, estas centram-se nas funções de oferta de bens e recursos e têm geralmente por objetivo ou efeito aumentar a oferta de bens. Geralmente, também, reduzem o preço real dos alimentos para os consumidores. Em termos de políticas de compensação, que tentam compensar os agricultores de várias maneiras, a fim de garantir resultados utilitários positivos. Assim, enquanto a política de desenvolvimento tem como efeito

---

[2] As exportações de arroz do Vietname, em termos de volume, representaram 17% do total das exportações mundiais de arroz em 1997. No entanto, isto correspondeu a 5% em termos de valor (o que coloca o Vietname como o sexto maior exportador de arroz em termos de valor em 1997). A percentagem mais baixa em termos de valor deve-se ao facto de o Vietname ter entrado no mercado mundial do arroz numa altura em que os preços do arroz estavam em queda. Isto significou que o Vietname foi forçado a vender o seu arroz a um preço reduzido para se manter competitivo (Nielsen, 2002).

[3] Estatísticas baseadas no Ministério das Pescas, 2006

deslocar o calendário da oferta para a direita, a política de compensação tenta restringir a taxa de aumento da oferta, ou diminuir a oferta, de modo a que o rendimento agrícola possa ser aumentado. A política de compensação pode também atuar sobre as variáveis da função da procura de alimentos, de modo a que o preço dos produtos de base e o rendimento agrícola possam aumentar. Na política de desenvolvimento, o principal efeito consiste em fazer com que a oferta aumente a um ritmo mais rápido; na política de compensação, o principal efeito consiste em restringir a oferta, aumentar a procura ou efetuar pagamentos de transferências diretas.

As mudanças mais importantes que afectam a política agrícola são as mudanças no padrão da procura e as mudanças na tecnologia. O progresso técnico, tal como o aumento dos níveis de rendimento per capita, é um objetivo muito apreciado da política económica moderna. A melhoria das técnicas permite aumentar a produção sem um aumento correspondente do volume de recursos utilizados. A produção adicional pode aumentar diretamente o consumo. Em alternativa, a produção pode manter-se constante e os recursos podem ser direcionados para a produção de bens mais valorizados. Desta forma, a tecnologia melhorada é, ela própria, uma das principais fontes (com um stock crescente de capital) de um rendimento real mais elevado.

Nos anos actuais, os países em desenvolvimento estão muito interessados em melhorar a tecnologia, a fim de cumprirem as normas internacionais de garantia da segurança alimentar. Os avanços registaram-se através da aplicação da descoberta científica e do método científico à produção agrícola. No entanto, a maioria das melhorias técnicas na exploração agrícola tende a aumentar diretamente a produção e não a substituir os recursos existentes. Especialmente nas pequenas explorações agrícolas, existem poucas oportunidades para reduzir os custos através da redução da mão de obra ou da venda de equipamento obsoleto (Marsh e Ristson, 1971). Em vez disso, os agricultores encontram-se sob uma pressão substancial para aumentar a produção, a fim de aumentar ou manter o rendimento. Individualmente, a sua contribuição para a oferta total é tão pequena que o seu efeito nos preços é impercetível. Se os preços baixarem, os rendimentos dos agricultores serão reduzidos e os agricultores menos capazes de compensar este facto através do aumento da produção poderão ser forçados a declarar falência.

A política agrícola dá prioridade à necessidade de alterar o nível dos rendimentos agrícolas, ao mesmo tempo que prossegue outros objectivos, deve preocupar-se com uma ou mais de cinco variáveis: (1) melhorar os rendimentos agrícolas aumentando o nível dos preços dos produtos agrícolas, através de vários dispositivos de preços de intervenção, subsídios à exportação, etc. No entanto, esta política de aumento dos preços pode tender a forçar o aumento do nível dos custos agrícolas[4] ; (2) aumentar o rendimento agrícola. Isto pode ser feito, em princípio, se os preços forem

---

[4] Para beneficiarem de preços mais elevados, os agricultores desejam aumentar as suas vendas. Para tal, é necessário utilizar mais factores de produção. A concorrência por esses factores de produção tem o efeito de fazer subir os seus preços, reduzindo assim o benefício em termos de rendimento para os agricultores. Em circunstâncias em que um aumento dos preços persuade alguns agricultores a aumentarem consideravelmente a produção e em que os factores de produção relevantes têm uma oferta relativamente fixa, um agricultor que não consiga aumentar a sua própria produção pode constatar, paradoxalmente, que, apesar dos preços mais elevados, o seu rendimento diminui efetivamente.

mantidos constantes, mas o volume de vendas for aumentado. Na prática, este objetivo só pode ser alcançado se for seguida uma política de preços simultânea que evite que a produção suplementar deprecie os preços agrícolas. Uma vez que a procura no mercado de muitos produtos agrícolas é relativamente indiferente ao preço e que os aumentos substanciais da produção só podem ser vendidos se os preços caírem muito acentuadamente, isto pode reduzir o rendimento agregado. As políticas destinadas a estimular a produção só são úteis em condições de escassez; (3) manter ou reduzir o custo dos factores de produção para melhorar a rentabilidade da exploração. Estão em causa alguns factores de produção específicos, como os alimentos para animais e as drogas aquáticas; (4) aumentar a produtividade dos factores de produção. As políticas destinadas a encorajar uma utilização mais eficiente dos recursos na exploração agrícola são geralmente acolhidas com aprovação; (5) Os programas destinados a afetar os rendimentos agrícolas através da manipulação das receitas ou dos custos só podem ser eficazes para aqueles que permanecem no sector agrícola. Na medida em que são bem sucedidos, devem tender a manter um maior número de agricultores na atividade do que seria o caso de outra forma.

Um sistema de comercialização agrícola ou aquícola eficaz deve desempenhar simultaneamente uma série de funções. Deve proporcionar um fornecimento atempado de factores de produção ao sector agrícola. Deve distribuir a produção agrícola sazonal, no tempo e no espaço, aos transformadores e aos consumidores a um custo mínimo. A curto prazo, deve mobilizar os abastecimentos do mercado a partir de uma produção fixa. A longo prazo, deve integrar os mercados locais nos mercados nacionais.

Período 1945-1957: A agricultura antes da cooperativização. Este período, entre 1945 e 1954, foi dominado pela luta pela independência da França. Esta luta implicou uma grave deslocação das forças produtivas agrícolas e teve como consequência um fraco crescimento da agricultura. As obras de irrigação foram destruídas ou ficaram sem manutenção. O Serviço Geral de Estatística do Vietname (GSO) estima que o crescimento agrícola entre 1939 e 1953 foi de apenas 10%.

Depois de 1954, o governo do Vietname iniciou um ambicioso programa de reforma agrária, uma vez que, anteriormente, a propriedade da terra estava muito concentrada, ou seja, a classe dos proprietários (apenas 2% da população) possuía cerca de 51% da terra, enquanto os 97% da população possuíam apenas 36% da terra. Nas zonas rurais, 59% das famílias de agricultores não tinham terra. Nessa altura, foi criado o Departamento de Piscicultura, sob a tutela do Ministério das Florestas, uma agência estatal de piscicultura, o que constituiu um sinal para uma nova forma de pensar a criação de peixes no Vietname.

No Norte, cerca de 810.000 hectares foram redistribuídos aos agricultores pobres. A Equipa de Assistência e as Cooperativas de Produção Agrícola de Baixo Grau foram criadas durante os anos que se seguiram às reformas agrárias. Estas organizações foram criadas com base numa participação voluntária dos agricultores. Durante este período, os agricultores foram autorizados a ser proprietários de terras e livres de se associarem e de organizarem o trabalho. A produção cresceu nos anos 1955-1957 e também gerou algum excedente exportável. Ao mesmo tempo, a alimentação per capita atingiu uma média de 303 kg, representando um aumento de 44% desde 1939. Este período foi mais tarde designado por Período de Ouro e o seu principal sucesso deveu-se à redistribuição de terras aos agricultores, com a ajuda das organizações económicas cooperativas voluntárias, criadas pelos agricultores.

Período 1958-1975: Cooperativização agrícola no Norte. O processo de coletivização das terras é acelerado no Norte do Vietname. O modelo de produção cooperativa popularizou-se durante este período. No entanto, esta ação não conseguiu satisfazer a procura alimentar da população, devido ao crescimento demográfico e à ineficácia da cooperativa. Muitos regimes de programas colectivos, especialmente para grandes cooperativas, não são bem sucedidos devido à limitação da experiência de gestão e do conhecimento do mercado. Consequentemente, os rendimentos dos agricultores diminuíram consideravelmente e muitos agricultores tiveram de abandonar as cooperativas. Além disso, o colapso das cooperativas foi causado pelo processo de coletivização rápida, pela baixa democracia dos membros nas cooperativas e pela falta de contribuição de capital dos membros, particularmente dos membros ricos.

Em agosto de 1960, o Ministério das Florestas do Vietname foi reorganizado e dividido em quatro novas instituições: (1) o Ministério da Agricultura; (2) o Ministério da Agricultura do Estado; (3) o Departamento Geral; (4) o Departamento Geral das Pescas. Em 5 de[th] de outubro de 1961, foi fundado o Ministério das Pescas do Vietname (MOF), o que representou um grande progresso no desenvolvimento económico e tecnológico. Paralelamente, a piscicultura no sul era gerida pelo Departamento de Criação de Peixes sob a autoridade de Saigão.

O declínio da alimentação per capita durante este período foi estável. Após o primeiro plano quinquenal de 1961-1965, a industrialização das cooperativas foi colocada na linha da frente do desenvolvimento. No período de 1966-1975, os custos totais aumentaram mais do que o rendimento total, pelo que o retorno do investimento diminuiu (Cuc, 2003). As condições difíceis decorrentes da guerra contra os Estados Unidos da América (EUA) explicam em parte este mau desempenho. No entanto, o principal erro foi o facto de o sistema ineficiente de produção e distribuição das cooperativas de alto nível ter sido acelerado, em vez de ser sujeito a uma avaliação crítica. Estes erros repetiram-se em 1976, após a libertação do Sul em 1975.

Período 1976-1980: Cooperativização agrícola em todo o país. Durante este período, o processo de coletivização foi alargado a todo o país e acelerado mais uma vez. Os processos de produção foram especializados em equipas de produção separadas (como uma equipa de preparação do solo, uma equipa de preparação de sementes, uma equipa de irrigação, uma equipa de transporte, uma equipa de criação de peixes, etc.). Esta abordagem mecânica resultou em perdas de eficiência, declínios consecutivos no rendimento das culturas e na produtividade. A alimentação per capita diminuiu de 15,4 kg de arroz por mês em 1976 para 10,4 kg em 1980.

O erro de coletivização do Norte repete-se no Sul após o fim da guerra, em 1975, levando ao colapso do processo global de coletivização. A economia capitalista do Sul foi eliminada. Muitos agricultores desinvestiram antes de aderirem às cooperativas e aos grupos de produção. A produção diminuiu no delta do Mekong.

Depois de o Sul do Vietname ter sido completamente liberalizado, a área das pescas quis desenvolver-se em todo o país. O Ministério dos Produtos do Mar foi criado em 1976 e reorganizado para se tornar o precursor do Ministério da Pesca em 1981, com actividades que incluíam a aquacultura de água doce e a importação e exportação de produtos da pesca.

Período 1981-1985: A agricultura sob a instrução 100. thO sistema de contratos foi criado pela primeira vez no Vietname e promulgado pelo Secretariado Central do Partido a 13 de janeiro de 1981, nomeadamente a instrução 100 (Cuc, 2003). Esta instrução visava promover e melhorar a produção e a eficiência económica. Incentivava os agricultores a prestarem atenção ao produto global e não apenas à tarefa que lhes era atribuída. A instrução 100 foi o primeiro ataque ao mecanismo de gestão burocrático centralizado, facilitando aos agricultores o controlo da plantação, dos cuidados e da colheita, enquanto as restantes fases continuavam a ser controladas pelas cooperativas. O progresso obtido entre 1981 e 1985, no entanto, foi mantido. O nível contratual não era estável e não era consistente nalguns locais devido às elevadas condições de exigência. Consequentemente, o agricultor apenas beneficiou de um pequeno retorno do seu investimento em mão de obra e materiais. Em suma, os agricultores ainda não podiam tomar decisões de produção, continuando a ser uma pessoa "contratada" pela cooperativa.

Neste período, pela primeira vez, o produto da pesca do Vietname foi exportado para o mercado da UE com a marca comum SEAPRODEX. Apesar de ter sido vendida uma pequena quantidade para a UE, o produto da pesca do Vietname causou uma impressão positiva, dando o alarme para a fase de desenvolvimento. Consequentemente, as empresas exportadoras vietnamitas SEAPRODEX receberam o prémio de denominação como uma marca de produtos da pesca de prestígio. No entanto, a SEAPRODEX era representativa de uma das empresas públicas que detinham o monopólio do comércio internacional.

Período 1986 - 1990: Aumento das actividades de exportação. A partir de 1989, o Vietname começou a exportar um grande número de arroz. Este facto marcou um novo período de ligação da produção alimentar nacional ao mercado mundial do arroz. O monopólio das empresas públicas foi gradualmente quebrado, mas a capacidade dos sectores não estatais de se envolverem no comércio foi severamente restringida, uma vez que eram necessárias licenças de exportação e importação. As condições para a obtenção de tais licenças são onerosas (incluindo a exigência de um contrato de exportação ou importação antecipado, de um capital de exploração mínimo e de "competências" adequadas). Paralelamente, foram introduzidos uma pauta aduaneira e um imposto especial sobre as vendas.

Nas zonas rurais, a relação de produção começou a ser ajustada no sentido da renovação da relação de posse, juntamente com os requisitos de gestão e distribuição adequados ao desenvolvimento da força de trabalho no início do período de transição de um mecanismo de planeamento central para o autofinanciamento. A terra na zona rural foi gradualmente ajustada e foi atribuída às famílias para a sua utilização a longo prazo. O problema da propriedade da terra foi resolvido corretamente. Apesar de algumas novas alterações na produção agrícola, a percentagem do valor da produção da pesca no total (valor da produção da agricultura, silvicultura e pesca) foi muito baixa, 8,8% por ano, enquanto a percentagem do valor da produção agrícola foi de 81,5%.

Para além das realizações, subsistiam ainda algumas dificuldades: (i) a estrutura económica rural era desequilibrada, a parte do cultivo e da criação de animais não se alterou consideravelmente; (ii) as terras foram atribuídas às famílias de forma dispersa, causando dificuldades na gestão da lavoura, da irrigação, das sementes e da proteção das plantas, (iii) a indústria na região rural era fraca. Assim, a produtividade da eficácia económica da agricultura manteve-se baixa. Em suma, as razões profundas destas fraquezas devem-se a uma base de partida baixa da agricultura e da economia rural, a técnicas de cultivo atrasadas, à destruição grave causada por catástrofes naturais e à deterioração da base técnica, especialmente do sistema de pesca. Além disso, a influência do mecanismo burocrático na economia de planeamento central foi um obstáculo à produção de bens de base. Este caso resultou num fraco desenvolvimento do emprego, da terra e do capital.

Em geral, no final da década de 1980, o Vietname levou a cabo uma revolução na modernização e industrialização da economia, conduzindo a uma economia orientada para o mercado. A transição da economia rural foi popularmente implementada através de programas de plano diretor na agricultura e nas pescas.

Período 1991-1995: Rumo à integração mundial. A Revolução do 5th Comité Central do Partido indicou claramente: A industrialização e modernização da agricultura e da zona rural é a transição da estrutura económica na agricultura, combinando a produção e o mercado, melhorando o valor dos produtos e da mão de obra da indústria, no que diz respeito à construção de infra-estruturas sócio-económicas, etc. A transição económica da zona rural centrou-se em três caraterísticas principais. Em primeiro lugar, a eliminação da velha instituição, acompanhada pela promoção de todo o potencial e recursos necessários para o desenvolvimento de toda a produção e serviços. Em segundo lugar, a facilitação do desenvolvimento da força de produção e a criação de novos postos de trabalho desempenham um papel fundamental na industrialização e no desenvolvimento da economia de mercado. Em terceiro lugar, a criação de novos postos de trabalho nas zonas rurais para ajudar os agricultores a escapar à velha instituição e a enriquecer trabalhando em actividades não agrícolas.

Em 1995, o embargo dos EUA ao VN foi levantado, o que normalizou a comunicação entre os dois países, que se tornou progressivamente positiva, na medida em que a área da aquicultura não está excluída das preocupações de colaboração. O levantamento do embargo pelo Presidente Clinton apenas abriu caminho a um comércio bilateral, constituindo também uma prova dos primeiros resultados da integração no mercado mundial durante o período de transição económica. No mesmo ano, o Vietname tornou-se membro da ASEAN e a sua pesca tornou-se membro do Centro de Desenvolvimento das Pescas do Sudeste Asiático (SEAFDEC).

Desempenho da economia de transição

Depois de 1975, foi estabelecida a unificação do Norte e do Sul. A economia centralmente planificada tornou-se popular no início da década de 1980. Leung e Thanh (1996) afirmam que foi introduzido um sistema de "três planos" para reforçar os incentivos às empresas públicas. O primeiro "plano" abrangia a produção para o Estado a preços pré-determinados, utilizando factores de produção fornecidos pelo Estado. No âmbito do segundo plano, as empresas eram autorizadas a produzir mais para o Estado a preços pré-determinados, utilizando quaisquer factores de produção que pudessem obter fora dos planos formais. O terceiro plano, por último, permitia às empresas produzir e vender produção adicional não planeada a preços de mercado.

Os intercâmbios económicos e sociais vividos pelo Vietname foram em grande parte atribuídos à inovação das políticas "Doi Moi" introduzidas em 1986[5] . Estas políticas visavam transformar o Vietname numa economia orientada para o exterior e incluíam a supressão do controlo dos preços de muitos bens, a descolectivização das terras[6] , a concessão de uma maior autonomia ao sector privado, a redução ou supressão das barreiras comerciais e a abertura da economia vietnamita ao investimento direto estrangeiro. Por conseguinte, a economia multi-setorial com um processo de decisão descentralizado é um aspeto positivo. A Assembleia Nacional do Vietname tem planos para resolver o problema das empresas públicas, diversificando a propriedade através da equitização e da alienação, e aumentando a eficiência das empresas públicas mantidas através da reestruturação e da redução do seu tamanho. Além disso, as subvenções estatais aos bens de consumo foram abolidas e as empresas públicas passaram a ter o direito de fixar a maior parte dos seus preços. Os sectores económicos têm a mesma possibilidade de acesso ao Banco do Estado. Evidentemente, mais de 700 empresas públicas foram equitizadas desde 1999 (Leung e Riedel, 2001). O papel das empresas públicas do sector das pescas foi gradualmente substituído por empresas privadas do sector. Entre as 41 empresas públicas de pesca existentes em 2002, três são grandes empresas públicas, geridas pelo Ministério das Finanças; as restantes são empresas muito mais pequenas, geridas por comités populares provinciais. Um grande número de trabalhadores nas empresas privadas de pesca, que aumentou durante 2000-2002, em contraste com as empresas públicas de pesca (quadro 1), prova que a criação de emprego é efectiva e pode ser atribuída à equitização, através da substituição das empresas públicas por empresas privadas

[5] As reformas económicas, em especial as reformas agrícolas, foram iniciadas no final da década de 1970. No entanto, o processo "Doi Moi", que teve início em 1986, implicou um maior empenhamento nas reformas económicas e no seu alargamento a toda a economia.

[6] Antes do "Doi Moi", a terra era propriedade exclusiva do Estado e as transacções de terras não eram permitidas. Depois de 1993, a posse da terra foi alargada para 20 anos para as culturas anuais e 50 anos para as culturas perenes. Os agregados familiares beneficiaram igualmente de direitos alargados de transferência, arrendamento, herança e hipoteca de terras (Benjamin e Brandt, 2002).

de pesca.

Quadro 1: Empresas de pesca estatais e não estatais

Descrição	Unidade	2000	2001	2002
Número de empresas	Número	2453	2563	2407
- Empresas públicas do sector das pescas	"	49	49	41
- POEs de pesca	"	2392	2496	2345
Número de empregados	Pessoa	37253	40376	40746
- Empresas públicas do sector das pescas	"	4310	5926	4357
- POEs de pesca	"	31915	33008	34519

Fonte: Instituto Geral de Estatística do Vietname (2004) Resultados do inquérito às empresas em 2001-2003

Inicialmente, o Vietname era um país subdesenvolvido, que se dedicava predominantemente à agricultura tradicional, um membro plenamente integrado no sistema comercial centralizado da União Soviética, o Conselho de Assistência Económica Mútua (CMEA). Em 1986, 38% das exportações do Vietname destinavam-se aos parceiros do CMEA (Woo et al., 1997). O Vietname debateu-se com a hiperinflação nos meses que antecederam o seu salto para o mercado em 1989. O desempenho da iniciativa das políticas inovadoras traduziu-se num crescimento positivo em 1987 e 1988, apesar da elevada inflação (figura 1). Ao mesmo tempo, o Vietname é largamente afetado pelos fluxos de ajuda da União Soviética (Kokko et al, 2007), fazendo com que as taxas de crescimento do PIB atinjam os 6% em 1988. No entanto, após o colapso total da União Soviética em 1988 e o fim do fluxo de ajuda, o Vietname teve de enveredar por um novo caminho para aplicar as suas políticas de reforma. A inflação diminuiu acentuadamente em 1989. Dado que o Vietname dependia em grande medida da assistência da União Soviética[7] e que este apoio deixou de ser prolongado após o problema soviético, o seu PIB foi parcialmente afetado e desceu para 4,7%.

Além disso, o comércio internacional expandiu-se, especialmente depois de 1995, quando se verificou a comunicação de normalização entre o Vietname e os EUA, o Vietname teve as primeiras oportunidades de se integrar no mercado mundial. As suas importações e exportações melhoraram e registaram um crescimento rápido (ver figura 2). Entre 2000 e 2007, o valor das importações foi sempre superior ao valor das exportações. Este caso contribui consideravelmente para a criação de emprego e a redução da pobreza. A título de exemplo, a taxa de pobreza no Vietname desceu para menos de 30% em 2003, em comparação com 58% em 1993 .[8]

[7] A retirada da assistência soviética pôs termo ao fornecimento de factores de produção importados a preços artificialmente baixos.

[8] Statistical on Hunger Eradications and Poverty Reduction for the Period of 1998-2000 and 2001-2003 and publication of Ministry of Labor, Invalids and Social Affairs (MOLISA) and GTZ, Hanoi, 2004, p. 42-43. A definição de pobreza é uma definição local, baseada num orçamento alimentar de 2100 calorias/dia mais despesas não alimentares plausíveis. Produz estimativas de incidência de pobreza mais baixas do que a abordagem de 2 dólares por dia utilizada pelo Banco Mundial, mas não é necessariamente menos exacta. Ver também o Relatório de Desenvolvimento do Vietname 2004, Pobreza, do Banco Mundial. Uma taxa de pobreza "apenas alimentar" é inferior a 10%.

Figura 1: Crescimento e inflação no Vietname 1986-2006 (em percentagem)

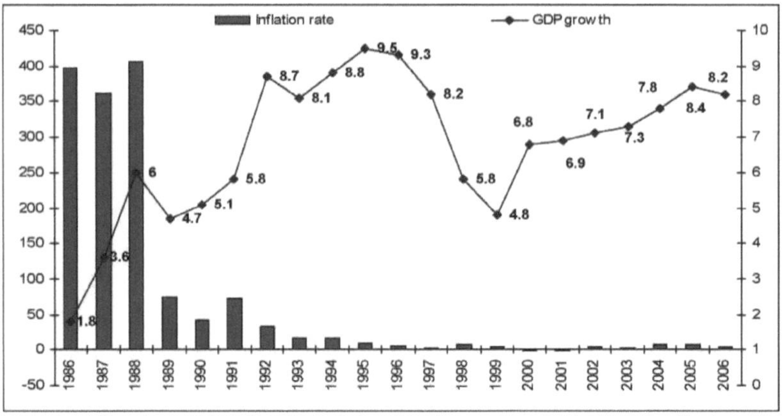

Fonte: East Asian Economic Perspectives, Vol. 17, No. 1, 2006, capítulo 12; Vietnam Venture Group, Inc-Economic Indicators (www.vvg-vietnam.com/economics_cvr.htm)

Nota: A taxa de inflação para 1986-1995 refere-se à variação do deflator do PIB. Para 1996-2005, é a variação do índice de preços no consumidor (Kokko et al, 2007).

Figura 2: Exportação, importação e balança do Vietname (1996-2007)

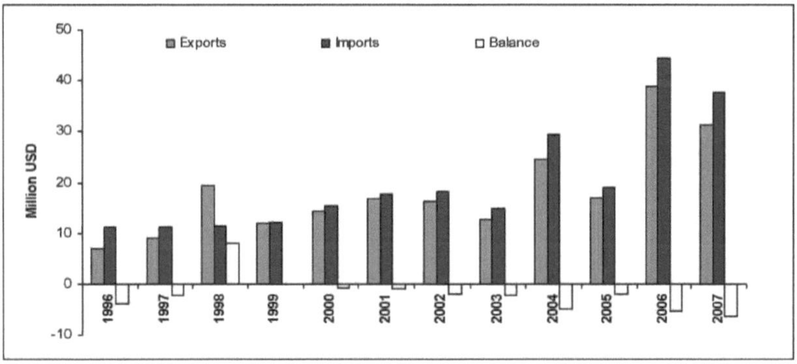

Fonte: East Asian Economic Perspectives, Vol. 17, No. 1, 2006, capítulo 12; Vietnam Venture Group, Inc-Economic Indicators (www.vvg-vietnam.com/economics_cvr.htm).

Desempenho da aquicultura

Como já foi referido, a agricultura vietnamita desempenhou um papel importante no programa de desenvolvimento económico nacional e representa, em média, 40,39% do total das receitas de exportação durante o período de 1999-2002[9] , tendo a mão de obra agrícola absorvido cerca de 68% do total da mão de obra de todo o país ao mesmo tempo. Sem dúvida, a transição na economia agrícola é bastante necessária, contribui para um aumento do rendimento da produção por hectare, gera emprego rural e reduz a pobreza. [th]Na sequência da revolução do Comité Central (Secção

[9] Serviço Geral de Estatística do Vietname; Ministério da Agricultura e do Desenvolvimento Rural, Ministério do Planeamento e do Investimento.

VII)[10] , a produção aquícola tem sido objeto de maior atenção, principalmente no âmbito do plano de transição da estrutura económica agrícola do governo vietnamita.

A quota-parte da pesca no valor total da agricultura[11] , que representava 18,77% em 2002, três vezes mais elevada do que em 1986 (quadro 2), prova em parte o êxito da transição do governo. A região rural como o Delta do Mekong (MD) é representativa deste facto. Assim, como mostra o quadro 3, o número de agregados familiares que entram na produção aquícola aumentou durante 1995-2000, os agregados familiares de pescadores no MD representavam cerca de 27% no total, até 34,5% em 2000. Paralelamente, a mão de obra que acede à aquicultura também aumenta, passando de 28,8% em 1995 para 35,54% em 2000.

Quadro 2: Estrutura do valor da produção da agricultura, silvicultura e pesca (1986-2002)

Ano	Agricultura (%)	Floresta (%)	Pescaria (%)	Total (%)
1986	81.27	11.78	6.95	100.00
1987	78.17	11.08	10.75	100.00
1988	80.37	9.98	9.65	100.00
1989	83.75	7.97	8.28	100.00
1990	84.10	7.57	8.33	100.00
1991	85.32	5.49	9.19	100.00
1992	84.36	5.28	10.36	100.00
1993	81.69	5.82	12.49	100.00
1994	79.94	5.59	14.47	100.00
1995	81.14	5.08	13.78	100.00
1996	80.67	5.24	14.09	100.00
1997	80.60	5.12	14.28	100.00
1998	81.48	4.63	13.89	100.00
1999	81.50	4.61	13.89	100.00
2000	80.16	4.48	15.36	100.00
2001	77.40	4.55	18.05	100.00
2002	76.90	4.33	18.77	100.00

Fonte: Cuc, 2003

Quadro 3: Agregados familiares e mão de obra no sector das pescas (1995-2000)

Ano	Agregados familiares de pescadores			Força de trabalho na pesca		
	Todo o país (agregado familiar)	Delta do Mekong (agregado familiar)	Quota da família pescadora na MD (%)	Todo o país (pessoa)	Delta do Mekong (pessoa)	Quota de mão de obra da pesca na MD (%)
1995	267941	72054	26.89	658340	189626	28.80
1996	282098	75850	26.89	692915	199609	28.81

[10] Cuc, 2003

[11] O valor agrícola total é a soma do valor do produto agrícola, da silvicultura e do produto da pesca.

1997	293464	80629	27.47	730819	218857	29.95
1998	301952	87645	29.03	756300	239816	31.71
1999	339673	109183	32.14	818099	267149	32.65
2000	362913	125170	34.49	869650	309080	35.54

Fonte: Cuc, 2003

Desde 1990, a área de cultura da pesca da MD aumentou acentuadamente, a sua taxa de crescimento média anual foi de cerca de 133% durante 1995-2001 e o seu valor de produção representou 58% em média no total (ver quadro 4). Em suma, a MD é uma região líder na produção agrícola e piscícola de todo o país. No entanto, para permitir o desenvolvimento sustentável, as políticas em causa devem ser aprofundadas, sem exceção de estudos e avaliações. O programa de desenvolvimento da aquacultura deve ser claro e ter uma estratégia de investimento adequada.

Quadro 4: Área, quantidade e valor da cultura da pesca (1995-2001)

Ano	Área e quantidade de culturas piscatórias no Delta do Mekong		Valor de produção da pesca		
	Área (hectare)	Quantidade (tonelada)	Todo o país (VND)	MD (VND)	Quota de valor da produção da MD (%)
1995	301277	261797	14524.2	8499.4	58.52
1996	289218	280306	16145.3	9445.1	58.50
1997	321830	248567	17515.8	10228.5	58.40
1998	347656	250778	19307.0	11186.0	57.94
1999	349116	288148	21449.7	12220.6	56.97
2000	443128	341739	26455.3	15428.1	58.32
2001	503405	414386	32198.8	18722.0	58.15

Fonte: Instituto Geral de Estatística do Vietname (GSO), Cuc (2003)

Em suma, o êxito da transição económica do Vietname constituiu um passo importante para a abertura à economia mundial. Os programas de desenvolvimento da aquicultura também se preocupam em facilitar, por exemplo, o programa de apoio financeiro do governo é transferido para as regiões locais no que respeita ao desenvolvimento das infra-estruturas da pesca, incluindo os canhões primários de irrigação para a aquicultura, a exploração de variedades nacionais para investigação e preservação das variedades originais, a extensão da pesca, a formação e a proteção dos recursos.

Embora o governo tenha inicialmente obtido resultados durante o período de transição económica, o processo de condução da transição é bastante lento. Por exemplo, as décadas de 1980 e 1990 evidenciaram uma privatização lenta, as empresas públicas continuaram a ter em conta as políticas prioritárias em matéria de licenças de exportação (por exemplo, quotas), embora algumas delas não tenham capacidade financeira nem conhecimentos do mercado e vendam as quotas de exportação às empresas públicas. O mecanismo de gestão, desde o governo central até ao governo local, é burocrático e volumoso, juntamente com procedimentos administrativos complicados. Esta situação tem resultados negativos para atrair o IDE.

A implementação da economia de transição é acelerada, enquanto a consideração do reforço das capacidades, do conhecimento do mercado e das competências dos sectores económicos não é suficientemente preparada. O sistema de extensão agrícola local não estava tão bem ligado ao nível superior. O agricultor deve utilizar principalmente a sua experiência e as suas práticas e presta muita atenção à produção eficiente e de baixo custo e esforça-se por produzir bens de qualidade e espera que o cliente os compre.

Capítulo 5. Situação atual da produção e do consumo de pangasius no delta do Mekong

Como já foi referido, o delta do Mekong (MD), no Vietname, é o maior fornecedor de produtos de peixe das espécies pangasius, basa e tra. A província de An Giang, na fronteira com o Camboja, é o centro desta produção, sendo responsável por 70 a 80% da produção nacional. Do ponto de vista socioeconómico, nas últimas décadas, a produção de peixe basa e tra contribuiu muito para a industrialização e modernização das zonas rurais, o emprego, a redução da pobreza, o aumento dos rendimentos e o cumprimento dos objectivos da política de transição económica.

A capacidade das matérias-primas tra e basa não pára de aumentar há dez anos. A título ilustrativo, a província de An Giang colheu 152 507 toneladas de peixe vivo em 2004, o que representa um aumento de cerca de 77% em relação a 1995. O desenvolvimento do peixe tra e basa é influenciado positivamente por uma série de razões, nomeadamente (i) o peixe tra e basa satisfazem as exigências nacionais e internacionais em matéria de qualidade, segurança alimentar e higiene; (ii) o peixe tra e basa tem caraterísticas específicas: um sabor especial, coloração e magreza (baixo teor de gordura); (iii) o preço é atrativo devido ao baixo custo de produção através de preços baratos da mão de obra e da produção controlada de alevins; (iv) An Giang está ativa através do programa de socialização de alevins em 1999. Anteriormente, os piscicultores dependiam da fonte de alevins naturais e tinham de capturar eles próprios alevins naturais nos rios ou comprá-los a outras pessoas cuja principal atividade era a pesca e a captura de alevins naturais.

Devido ao potencial de desenvolvimento e à expansão da agricultura de tra e basa no âmbito da transição económica ao abrigo da política governamental, muitas empresas produtoras e exportadoras entraram e iniciaram a sua atividade no sector do tra e basa. Até à data, a província de An Giang conta com um total de sete empresas: AGIFISH, AFIEX, NAVICO, VINH HOAN, TUAN ANH, CUU LONG, VIET AN, AFASCO, em vez das duas principais empresas que eram a AGIFISH e a AFIEX há dez anos.

Visivelmente, os peixes tra e basa têm impactos positivos no desenvolvimento económico regional e nacional. No entanto, muitos piscicultores continuam a deparar-se com muitos desafios e ameaças. Os exportadores vietnamitas de basa e tra enfrentam muitos obstáculos, como um direito penal anti-dumping imposto aos filetes de tra e basa pelos EUA, através da Comissão do Comércio Internacional (ITC), bem como obstáculos técnicos (por exemplo, a adição de antibióticos proibidos pela Food and Drug Administration (FDA)). Consequentemente, muitos piscicultores tiveram de mudar a sua atividade principal para outras actividades agrícolas não qualificadas, tendo muitos deles fracassado completamente e deixado de produzir. Este facto teve um impacto grave no bem-estar social, como o aumento da taxa de desemprego na região rural, o resultado da miséria, a perda de custos de investimento em tanques e gaiolas, etc. Entretanto, os piscicultores ainda têm de suportar uma enorme taxa de juro dos bancos no que respeita a empréstimos para o seu custo de investimento inicial. Este estudo centrar-se-á nos seguintes objectivos de investigação: (i) Avaliar a situação da produção e do consumo antes e depois da guerra do peixe-gato; (ii) Analisar a estratégia de exportação dos exportadores vietnamitas de pangasius; (iii) Apresentar a discussão e a conclusão.

1. Panorama da situação da guerra do peixe-gato

Nos últimos anos, milhares de quilos de tra e basa vietnamitas conquistaram uma grande percentagem do mercado americano. As importações para os EUA aumentaram para 21 000 toneladas de filetes em 2002. Um corolário desta situação foi o facto de os preços no produtor interno dos EUA terem descido de 1,6 USD/kg em janeiro de 1997 para 1,2 USD/kg em dezembro de 2002. Afinal de contas, as exportações vietnamitas de peixe-gato capturaram rapidamente 20%[12] do mercado americano de peixe-gato. Por conseguinte, em 28 de junho de 2002, a Catfish Farmers' Association (CFA) dos EUA e oito empresas de produção de peixe-gato apresentaram um pedido à Comissão do Comércio Internacional (ITC) dos EUA para processar a Vietnamese Association of Seafood Exporters and Producers (VASEP) por dumping de produtos de peixe-gato nos EUA. Alegaram que, uma vez que o peixe-gato produzido nos EUA representa 85,7%[13] do mercado total dos EUA, estavam efetivamente a agir em nome de todos os produtores de peixe-gato dos EUA. Os réus no processo são 56 empresas de transformação de produtos do mar no Vietname, embora algumas das empresas citadas nada tenham a ver com as variedades de peixe-gato produzidas para exportação no Vietname.

O cerne da investigação parece residir na conclusão a que os investigadores dos EUA chegarão relativamente à natureza da economia do Vietname, bem como na questão de saber se as acusações de dumping têm algum fundamento. Para tal, em primeiro lugar, foi utilizada a legislação relativa à designação comercial para restringir a denominação "peixe-gato" apenas aos Ictalurídeos cultivados nos EUA, negando assim ao basa uma vantagem fundamental em termos de marca, especialmente porque o peixe importado do Vietname era muito mais barato do que o equivalente local. Este é o primeiro sucesso dos produtores de peixe-gato dos EUA em convencer o Congresso dos EUA a forçar os exportadores vietnamitas a mudar o nome do seu produto para "tra" ou "basa".

Para efeitos do inquérito no Vietname, o produto abrangido são os filetes de peixe congelados, incluindo filetes normais, de pernil e de lâminas e respectivas porções, mesmo panados ou marinados, das espécies *Pangasius bocourti, Pangasius hypophthalmus* (também conhecido por *Pangasius)* e *Pangasius micronemus.* As mercadorias em causa serão seguidamente designadas por filetes "basa" e "tra" congelados, que são os nomes comuns vietnamitas para estas espécies de peixe. Estes produtos estão classificados nos códigos dos artigos pautais 0304.20.60.30 (filetes congelados de peixe-gato), 0304.20.60.96 (filetes congelados de linguado, NESOI), 0304.20.60.43 (filetes congelados de peixe de água doce) e 0304.20.60.57 (filetes congelados de linguado) da

[12]www.aseanfocus.com/asiananalysis/article.cfm?articleID=716
[13]A guerra do peixe-gato do Mississipi-Mekong, www.peoplesfoodsovereignty.org/docs/doc9.htm.

Harmonized Tariff Schedule of the United States (HTSUS).

Em 8 de novembro de 2002, a administração das importações do Departamento do Comércio (DOC anunciou a sua decisão no âmbito do inquérito sobre o estatuto do Vietname como país sem economia de mercado ou como país com economia de mercado ao abrigo da legislação anti dumping e dos direitos de compensação dos EUA. Entretanto, o DOC afirmou igualmente que o Vietname concedia subvenções aos produtores de peixe, o que provocava distorções do mercado. Outra conclusão foi o facto de o preço de exportação ser inferior ao custo de produção. Com base neste relatório, o DOC decidiu aumentar os direitos aduaneiros sobre os filetes de tra e de basa congelados do Vietname de 37% para 53%. Alguns exportadores vietnamitas têm de suportar um nível de imposto injusto, como se pode ver no quadro 5.

Quadro 5: Direito anti-dumping cobrado pelo DOC

Exportadores vietnamitas	Direito anti-dumping (18-06-2004)	Direito anti-dumping (18-07-2003)
AGIFISH Co	44.76%	47.05%
CATACO	45.55%	45.81%
NAVICO	52.90%	53.68%
VINH HOAN CO., LTD	36.84%	36.84%
Inquirido com "taxas separadas"	44.66%	45.55%
Em todo o Vietname	63.88%	63.88%

Fonte VASEP, Determinação final do inquérito anti-dumping relativo a certos filetes de peixe congelados provenientes do Vietname[14]

As acusações de dumping chocaram a VASEP, o Governo vietnamita e praticamente todos os que estão familiarizados com a indústria do peixe-gato no Vietname, incluindo a Embaixada dos EUA e algumas empresas americanas estabelecidas no Vietname. É evidente que não existem razões aceitáveis e racionais para este caso. O Vietname tem estado em transição de uma economia centralmente planeada para uma economia de mercado desde 1986 e, para todos os efeitos práticos, é agora uma economia de mercado. Encontra-se sob um regime de ajustamento estrutural do FMI e do Banco Mundial e desmantelou os escassos subsídios que conseguiu conceder no passado aos seus produtores agrícolas e pescadores. De facto, a prova do estatuto do Vietname como economia de mercado foi uma das condições prévias do Acordo de Comércio Bilateral (BTA) entre os EUA e o Vietname, assinado pelos dois países em 2001. E, de qualquer modo, em comparação com os EUA, o Vietname é um país pobre e simplesmente não tem recursos para fornecer aos seus sectores produtivos os níveis de subsídios e apoios que os EUA fornecem aos seus próprios produtores.

O inquérito sobre o dumping e as medidas anti-dumping foram lamentáveis por uma série de razões. Do ponto de vista económico, tal não se justificava. A conclusão de que o Vietname não é uma

[14] www.ita.doc.gov/media/FactSheet/0603/catfish_final_061703.html.

economia de mercado é injustificada. Em primeiro lugar, embora o Vietname não seja ainda uma economia de mercado de pleno direito, o mercado interno de tra e basa no Vietname tem muitas caraterísticas de um mercado competitivo, no qual as forças da oferta e da procura determinam em grande medida os resultados do mercado. Em segundo lugar, de um ponto de vista puramente teórico, apesar de o Vietname não ser uma economia de mercado, os EUA e o Vietname podem, ainda assim, praticar um comércio mutuamente benéfico. Em terceiro lugar, o rótulo de economia de não-mercado pode ser convenientemente aplicado a muitas economias em transição (incluindo a China e os países da Europa de Leste), com consequências potencialmente prejudiciais para o comércio livre .[15]

2. Acordo de comércio bilateral Vietname-EUA

Em 13 de julho de 2000, os negociadores dos EUA e do Vietname assinaram um acordo comercial bilateral (ACB) abrangente. Na sequência de votos favoráveis do Congresso e da Assembleia Nacional vietnamita, o ACB entrou em vigor em 10 de dezembro de 2001, quando os dois países trocaram formalmente cartas de aplicação do acordo. Nos termos do acordo, os EUA tencionam conceder ao Vietname o estatuto temporário de nação mais favorecida (NMF, também conhecido como relações comerciais normais), o que reduzirá significativamente os direitos aduaneiros dos EUA sobre a maioria das importações provenientes do Vietname. No final de 2001, a Assembleia Nacional preparou o caminho para a entrada do Vietname na OMC, abrindo drasticamente a sua economia, tornando-a mais conforme às normas internacionais. O acordo de comércio livre deveria vigorar por um período de três anos, sendo automaticamente prorrogado, exceto se for denunciado por qualquer das partes pelo menos 30 dias antes do termo do período de vigência.

O ACB baseia-se em regras internacionais, incluindo as da OMC. No entanto, dado o baixo nível de desenvolvimento do Vietname, o ACL reconhece que o Vietname necessita de um período de transição para cumprir algumas dessas normas. Nalguns aspectos, o ACV é mais liberalizado do que a OMC. O Vietname assumiu um conjunto abrangente de compromissos, incluindo a redução dos direitos de importação, a eliminação progressiva das restrições quantitativas e a liberalização dos direitos comerciais, com o objetivo de melhorar o seu acesso ao mercado, no âmbito do ACB. Ao longo de um período de 3 a 7 anos, o Vietname reduzirá as taxas dos direitos aduaneiros e as barreiras não pautais relativamente a uma vasta gama de produtos, abrirá áreas do sector dos serviços a um maior investimento estrangeiro e, de um modo geral, flexibilizará as regras em matéria de investimento. No que respeita aos produtos agrícolas, o Vietname assumiu os seguintes compromissos

Direitos comerciais e direitos de distribuição: Todas as empresas vietnamitas e, a prazo, as pessoas e empresas dos EUA, serão autorizadas a importar e exportar livremente produtos não sujeitos a restrições explícitas. Todas as empresas nacionais, após a entrada em vigor do acordo (ou seja,

[15]Binh Tran-Nam, Programa Australiano de Estudos Fiscais (Atax), Universidade de Nova Gales do Sul.

em dezembro de 2001), serão autorizadas a exercer actividades comerciais em relação a todos os produtos, exceto os que estão sujeitos a restrições específicas (quando existem limitações quantitativas ou reservas para as empresas comerciais estatais).

Comércio estatal: O Vietname compromete-se a que as suas empresas comerciais estatais efectuem aquisições ou vendas exclusivamente em função de considerações comerciais, incluindo o preço, a qualidade, a disponibilidade, a possibilidade de comercialização, o transporte e outras condições de aquisição ou venda, e a que dê às empresas dos EUA a oportunidade adequada, de acordo com as práticas comerciais habituais, de concorrer à participação nessas aquisições ou vendas.

Direitos de importação: As actuais taxas dos direitos aduaneiros aplicáveis a 195 produtos agrícolas, entre 244 posições de 8 dígitos do SH, sujeitos a compromissos de redução pautal ao abrigo do ACL, serão reduzidas entre 20 e 75 por cento ao longo de 3 anos e, excecionalmente, ao longo de 6 anos, no que respeita a 11 posições pautais.

Restrições quantitativas: Serão progressivamente eliminados quase todos os obstáculos não pautais à importação e as restrições à exportação que não sejam compatíveis com o GATT. O acordo especifica igualmente períodos de eliminação progressiva que variam entre 3 e 5 anos (a partir da entrada em vigor do acordo, ou seja, dezembro de 2001) para as restrições quantitativas à importação de 64 artigos agrícolas importados e 10 anos para 5 posições pautais de açúcar. Aplica-se um período de eliminação progressiva de 4 anos para as restrições quantitativas à importação (que abrange 44 dos 69 produtos agrícolas sujeitos à eliminação das restrições quantitativas à importação). Estes produtos incluem alguns produtos importantes que estão atualmente sujeitos a alguns tipos de barreiras não pautais, tais como licenças do Ministério do Comércio (por exemplo, óleo vegetal) e requisitos para o desenvolvimento local de áreas materiais (por exemplo, leite, óleo vegetal).

3. Crescimento da indústria vietnamita do pangasius e sua evolução

O pangasius vietnamita é um peixe de água doce típico das espécies basa e tra. É um peixe saboroso, com uma textura delicada e uma carne branca agradável. O peixe tra constitui a maior parte da produção; é criado em tanques e em jaulas, ancorados nos afluentes do rio MD. A expansão dos mercados e da procura levou a um maior desenvolvimento da criação de peixes basa e tra. Como mostra a figura 3, houve um aumento substancial da produção de peixe-gato em 2000, uma vez que muitos piscicultores iniciaram a cultura de peixe-gato em jaulas. No entanto, esta produção diminuiu rapidamente depois de 2004, quando as áreas dos tanques foram expandidas, as razões podem ser vistas mais detalhadamente mais tarde.

Figura 3: Área do tanque e volume da gaiola para a produção de peixes basa e tra

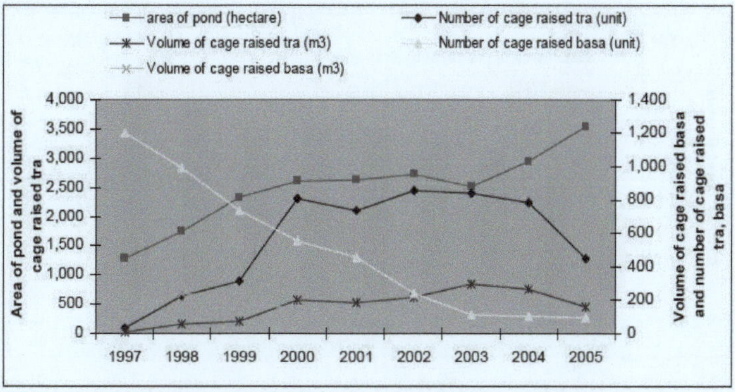

Fonte: Departamento Provincial das Pescas do Delta do Mekong (An Giang, Can Tho, Dong Thap, Tien Giang e Vinh Long)

Ao contrário das caraterísticas ecológicas do peixe basa, criado apenas em jaulas de rede ancoradas nos rios, o peixe tra tem sido criado tanto em tanques como em jaulas. Como mostra claramente a figura 4, a parte da basa viva representava 42,2% da quantidade total produzida em 1997 e diminuiu para 1,29% em 2005, enquanto a parte do tra de tanque na quantidade total produzida era de 56% em 1997 e aumentou para 89,3% em 2005. O aumento da quantidade produzida de tra e a diminuição da produção de basa devem-se ao facto de as melhorias técnicas terem tornado o peixe tra, nomeadamente o tra de viveiro, mais rentável do que o peixe basa.

Figura 4: Percentagem de basa e tra criados em tanques e gaiolas (% da quantidade total) (1997-2005)

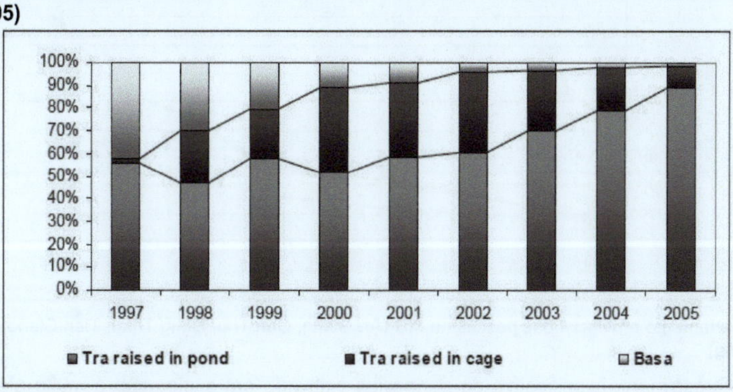

Fonte: Departamento provincial das pescas na MD (An Giang, Can Tho, Dong Thap, Tien Giang e Vinh Long)

A área total de produção (tanques e cercas) de peixes basa e tra na MD tem aumentado continuamente a uma taxa média de crescimento anual de 32,8% de 1997 a 2005, em contraste com a taxa média de crescimento anual da matéria-prima peixe de 13,5% (ver figura 5).

Figura 5: Superfície cultivada e rendimento do pangasius (1997-2005)

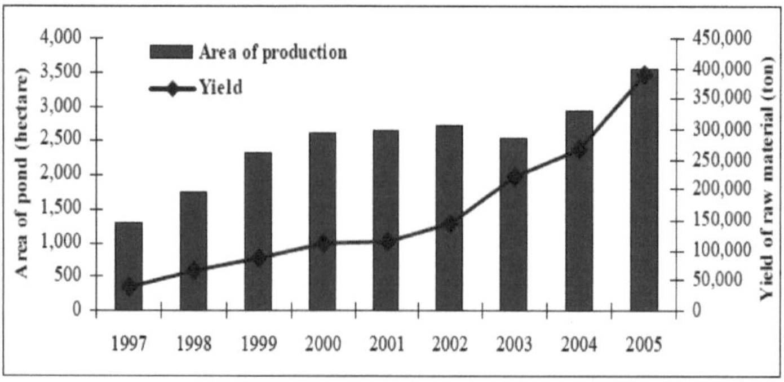

Fonte: Departamento provincial das pescas na MD (An Giang, Can Tho, Dong Thap, Tien Giang e província de Vinh Long)

Com o crescimento da área de cultivo de pangasius, desfasado da capacidade de transformação das empresas na MD, desenvolveu-se um desequilíbrio dramático entre a oferta de matéria-prima de peixe e a procura de peixe para transformação, especialmente entre 2003 e 2005 (figura 6). É verdade que foram estabelecidas muitas unidades de transformação noutras regiões para além da MD, por exemplo, na cidade de Ho Chi Minh, mas o preço de venda do peixe ao produtor à porta da exploração não melhorou muito, devido ao aumento dos custos de transporte.

Figura 6: Pangasius vivo e capacidade de transformação na MD (1997-2005)

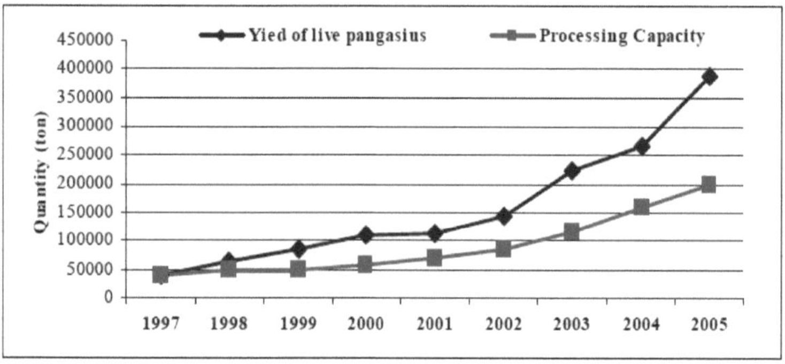

Fonte: Departamento provincial das pescas na MD (An Giang, Can Tho, Dong Thap, Tien Giang e província de Vinh Long)

A taxa de crescimento significativa do pangasius cultivado em exploração é muito afetada pela expansão do mercado de exportação, como evidenciado na figura 7. O mercado de exportação representou quase 90 % da quantidade total de pangasius vivos em 2005, contra 35 % em 1997. O crescimento do volume das exportações foi acompanhado por um aumento da superfície de cultivo e da matéria-prima do pangasius.

O peixe-gato americano e chinês é uma espécie diferente do pangasius vietnamita, nomeadamente o *Pangasius spp.* e o *Ictalurus punctatus*, respetivamente. Em consequência do êxito do Vietname no mercado dos EUA e da sua expansão bem sucedida na UE e nos mercados de alguns países vizinhos, como a China, a Tailândia e a Malásia, os concorrentes do Vietname começaram a produzir outras espécies de peixe-gato. Destaca-se o peixe-gato chinês.

Figura 7: Percentagem (% da quantidade) da exportação e do mercado interno de pangasius (19972005)

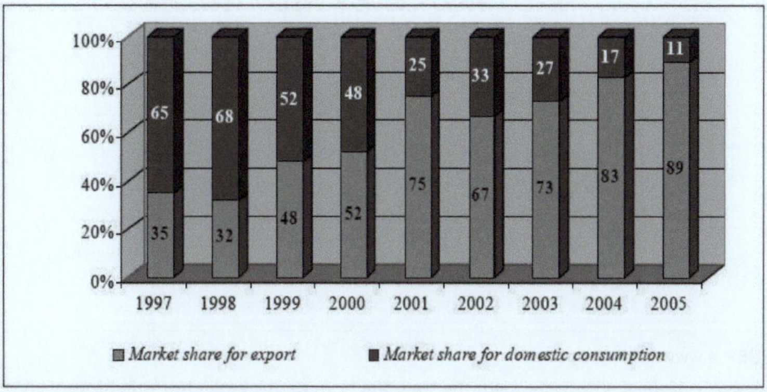

Fonte: Departamento provincial das pescas na MD (An Giang, Can Tho, Dong Thap, Tien Giang e província de Vinh Long)

As importações americanas de peixe-gato chinês aumentaram mais de cinco vezes entre 2005 e 2006 e as importações americanas de peixe-gato de origem tailandesa mais de duas vezes (quadro 6). Os principais produtos importados para os EUA são filetes congelados, dos quais o filete de pangasius congelado vietnamita foi sempre o principal desde 1999 até 2006. A guerra do peixe-gato entre os EUA e o Vietname em 2002 provocou uma redução para cerca de metade das importações totais do Vietname nos EUA. Após 2004, as importações americanas de filetes de pangasius vietnamita congelados voltaram a aumentar em 2005 e ainda mais em 2006.

Quadro 6: Importações de peixe-gato dos EUA por país de origem (em toneladas), 1999-2006

País	**1999**	**2000**	**2001**	**2002**	**2003**	**2004**	**2005**	**2006**
China	26	86	0	0	326	802	1747	7606
Vietname	903	3191	7765	4361	1929	2010	8623	17998
Tailândia	18	10	46	45	21	2	1493	2415
Malásia	0	0	0	0	7	0	482	2881
Outros	617	450	390	221	179	369	1328	2523
Total	**1565**	**3736**	**8201**	**4627**	**2463**	**4184**	**13673**	**34424**

Fonte: Relatório sobre o mercado do peixe-gato - maio de 2007, www.globefish.org/index.php?id=3883

As exportações totais de pangasius do Vietname aumentaram de 425 toneladas em 1997 para 27 987 toneladas em 2002 (antes da guerra do peixe-gato). Em 2006, este volume saltou para 286 600 toneladas, o equivalente a 736 milhões de dólares (figura 8). Há também evidências de um papel crescente dos produtos de pangasius nos mercados internacionais de peixe branco, refletido na crescente penetração das cadeias de retalho europeias[16] . Enquanto os EUA representavam mais de 50% das exportações de pangasius do Vietname antes da guerra do peixe-gato, a UE é responsável pela maior parte das exportações de pangasius do Vietname após a guerra do peixe-gato, especialmente em 2006 (quadro 8).

Figura 8: Exportações vietnamitas de pangasius

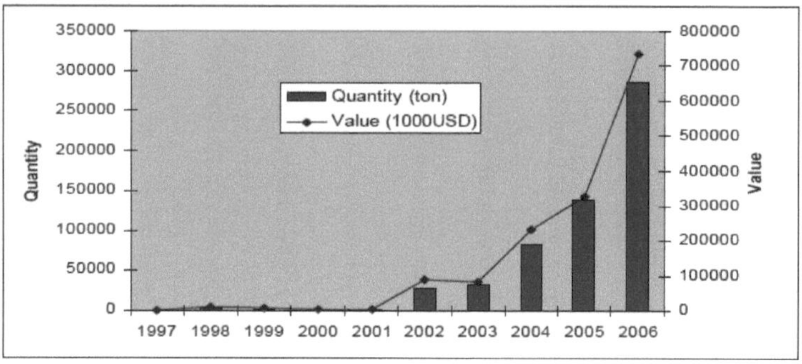

Fonte: VASEP e www.fishtenet.gove.vn

Como mostra o quadro 7, o pangasius foi vendido a mais de sessenta países em 2007, contra apenas dezassete em 2002, incluindo novos mercados como a China, Hong Kong, Singapura, Canadá, México, Rússia, UE e países da Europa Oriental. A UE está claramente a tornar-se um "mercado emergente" para os produtos de pangasius, representando 43% do volume total das exportações do Vietname (UE-25) em 2006, o equivalente a 123 mil toneladas (com a UE-15 a representar 33%, o equivalente a 96 mil toneladas). O segundo mercado importante é a Rússia, com 15%, equivalente a 43 mil toneladas. Isto significa que os exportadores vietnamitas responderam muito rapidamente ao desafio da guerra do peixe-gato com os EUA e entraram com sucesso em novos mercados. O total das exportações de pangasius para a UE-25 durante os primeiros seis meses de 2007 aumentou para 48% (aumento para 38,5% das exportações para a UE-15). Algumas das razões responsáveis pelas taxas de crescimento mais elevadas registadas nos últimos anos são as seguintes

- Sinergia entre o piscicultor e a unidade de transformação com base no seu acordo sobre a aplicação da norma SQF 1000[17] pelo piscicultor e da norma SQF 2000 pela unidade de transformação, não sendo permitidos resíduos de antibióticos, por exemplo, cloranfenicol e verde malaquite, nos produtos à base de peixe.

- Um aumento da procura internacional devido ao facto de os consumidores substituírem as

[16]http://www.eurofish.dk/indexSub.php?id=3265 - O Código SQF 2000 é um código de garantia do fornecedor HACCP que tem grande apelo nos sectores da produção e distribuição alimentar.

[17] SQF significa Safe Quality Food (Alimentos de Qualidade Segura). O Programa SQF é um protocolo de gestão da qualidade e segurança alimentar totalmente integrado, concebido especificamente para a indústria alimentar, com aplicação em todos os elos da cadeia de abastecimento alimentar.
- O código SQF 1000 é um código de garantia do fornecedor baseado no sistema HACCP (ver nota de rodapé 13), concebido especificamente para produtores primários.

refeições de carne por peixe.

- As fábricas de transformação melhoraram a tecnologia para satisfazer os requisitos de higiene e de segurança alimentar a um preço razoável, ao mesmo tempo que diversificaram os produtos e expandiram os mercados com base numa abordagem orientada para o mercado.
- O surto de gripe aviária na Ásia levou os europeus a optar pelo peixe em vez da carne de aves.

Quadro 7: Parte das exportações de pangasius do Vietname por países de destino (% em quantidade), 1999-2007

País	1999	2002	2003	2004	2005	2006	2007
UE-15	14.73	10.46	**20.06**	**25.71**	**34.43**	**33.46**	**34.62**
UE-25	14.73	10.46	20.06	25.71	**38.38**	**42.99**	**45.56**
ASEAN	10.71	8.01	13.50	12.45	**15.32**	**9.95**	8.70
EUA	**43.19**	**60.50**	**26.37**	17.03	10.27	8.47	5.46
China+HK	19.20	11.35	21.18	**21.78**	11.38	6.17	4.97
Rússia	0.00	0.00	0.00	0.00	2.12	**14.93**	**12.56**
Austrália	1.40	3.16	6.91	7.55	6.72	3.54	3.15
Outros	10.77	6.51	11.99	15.48	15.82	13.95	20.60
Total	100.00	100.00	100.00	100.00	100.00	100.00	100.00

Fonte: VASEP e Informação Económica Científico-Tecnológica das Pescas[18]

A figura 8 mostra o preço em dólares americanos (valor unitário) de um quilograma de pangasius nos EUA e na UE. O preço nos dois mercados mantém um paralelismo notável entre março de 2003 e maio de 2006. Entre junho de 2006 e dezembro de 2007, o preço de exportação para os EUA é mais elevado do que o preço para a UE, muito provavelmente devido a barreiras comerciais e direitos anti-dumping nos EUA.

Figura 8: Preço e quantidade de exportação (janeiro de 2003-dezembro de 2007)

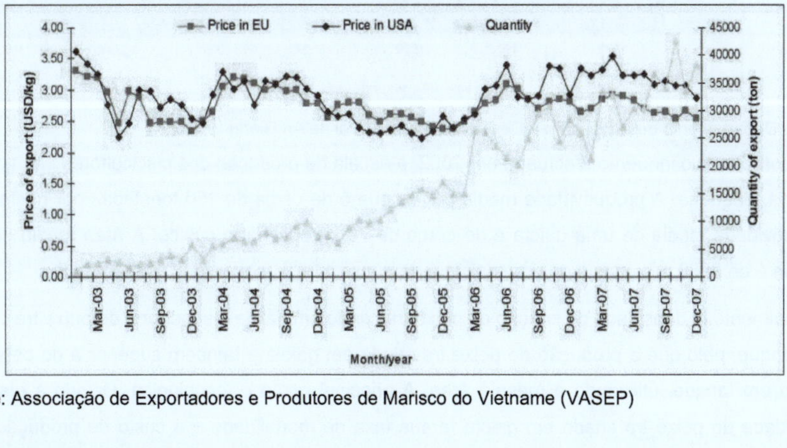

Fonte: Associação de Exportadores e Produtores de Marisco do Vietname (VASEP)

[18] www.fistenet.gov.vn

4. *Análise do mercado do pangasius antes e depois da guerra do peixe-gato*

a. <u>Antes da guerra do peixe-gato</u>

Situação da produção

A atividade de criação de peixes basa e tra é tradicional para os piscicultores que vivem no MD. O peixe tra constitui a maior parte da produção, sendo criado em tanques e em jaulas ancoradas nos afluentes da DM. Antes da reunificação do país em 1975, o peixe tra e basa era consumido internamente e exportado para os mercados externos de Hong Kong, Singapura e Taiwan. Em meados da década de 1980, o peixe-gato começou a ser novamente exportado, inicialmente sob a forma de filetes para a Austrália. Mais tarde, os mercados expandiram-se para Hong Kong e Singapura no início da década de 1990 e para a América do Norte e a União Europeia em meados da década de 1990. Por conseguinte, desde a década de 1990, a expansão da cultura do pangasius resulta do êxito da domesticação, que permite a produção controlada de alevins em maternidades. Além disso, a expansão dos mercados e da procura levou a um maior desenvolvimento da piscicultura de basa e tra. Como pode ser visto na figura 9, houve um aumento substancial na produção de peixe-gato em 2000, uma vez que muitos piscicultores entraram na cultura de peixe-gato em jaulas. Assim, o peixe-gato cultivado em jaulas desempenha uma posição chave no aumento da capacidade, com o número de jaulas a ascender em 2002 a 2000 jaulas, 53,8% mais do que em 1997.

Figura 9: Evolução da produção de tra e basa por tanque e por jaula

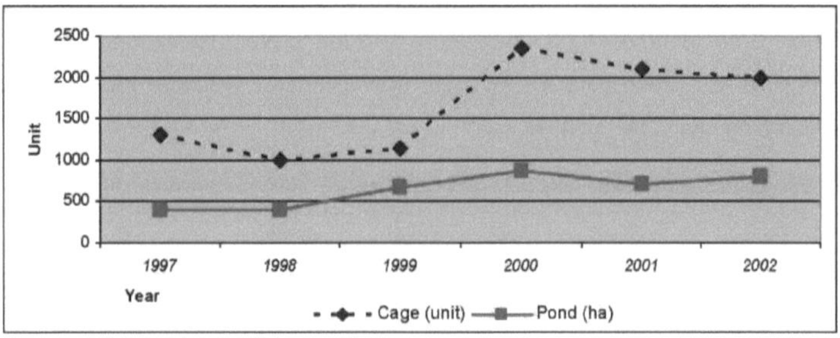

Fonte: Departamento de Agricultura e Desenvolvimento Rural de An Giang.

De acordo com o inquérito efectuado em 2002, a escala de produção dos piscicultores era, na sua maioria, pequena. A produtividade média por tanque é de cerca de 150 toneladas por hectare. A produtividade média de uma gaiola é de cerca de 70 kg por metro cúbico. A área média de um tanque é de 3068 m^2 , mas a de uma gaiola é de quase 11 m^3 , como mostra a tabela 8.

Normalmente, a densidade de criação do peixe tra criado em gaiola é superior à do peixe tra criado em tanque, pelo que a produção do peixe tra criado em gaiola é também superior à do peixe tra criado em tanque, utilizando a mesma área. A principal razão é tecnológica. Devido à elevada densidade do peixe tra criado em gaiola, a sua taxa de mortalidade e o custo de produção são geralmente mais elevados do que os do peixe tra cultivado em tanque.

Tabela 8: Comprimento médio, largura e altura da gaiola e do tanque para criar o peixe-gato

Descrição	Comprimento (m)	Largura (m)	Profundidade da água (m)	Área (m)^3	Produtividade total (ton)
Gaiola	15.38	6.88	4.35	460.29	32.22
Lagoa	68.14	45.29	3.53	10,895.26	46.33

Fonte: Inquérito próprio - realizado de outubro a novembro de 2002 nas províncias: An Giang, Can Tho e Dong Thap

Antes do aumento acentuado da produção depois de 1995, os alevins de peixe-gato eram apanhados no MD. Desde 1995, a cultura do peixe-gato começou a necessitar de grandes quantidades de alevins. O sucesso da reprodução artificial permitiu o aumento dramático da produção de alevins. Os alevins de peixe foram fornecidos por incubadoras privadas e estatais, nas quais as incubadoras privadas desempenham o papel de fornecedor chave, uma vez que as incubadoras estatais não satisfazem a procura dos piscicultores .[19]

A nível provincial, o Departamento de Agricultura e Desenvolvimento Rural (DARD) tem desempenhado um papel importante na extensão da aquacultura[20] , no qual o Centro de Incubação de Alevins e a Divisão de Extensão da Aquacultura são diretamente responsáveis. Os aquicultores em grande escala também recebem orientação técnica das empresas de rações e das empresas estatais de exportação e transformação (EPC). Em particular, as EPCs abastecem os piscicultores que estão no seu próprio clube de peixes (por exemplo, AGIFISH e AFIEX têm os seus próprios clubes de 40.000 toneladas e 20.000 toneladas, respetivamente).

Como mostra a figura 9, os aquacultores de pequena escala são geralmente limitados na comunicação com a informação da extensão da aquacultura (ver linhas pontilhadas). O seu principal canal de extensão aquícola vem diretamente do sistema de extensão ao nível da comuna, onde o baixo nível de formação, as fracas instalações e transportes, e os baixos salários dos agentes de extensão limitam a sua eficácia. Este canal é representado na figura 9 por setas sólidas. Ao contrário dos aquacultores individuais, os aquacultores dos grupos/clubes ou das organizações cooperativas de aquacultores têm mais oportunidades de comunicar com o sistema de extensão aquícola. Os seus canais de informação e aconselhamento mais frequentes são o DARD, as maternidades privadas ou os serviços de rações e produtos químicos, as empresas produtoras de rações, as empresas públicas e privadas de transformação e exportação.

Ao contrário das caraterísticas ecológicas do peixe basa, criado apenas em jaulas de rede ancoradas nos rios, o peixe tra tem sido criado tanto em tanques como em jaulas. De acordo com a figura 10, a quantidade de peixe tra em jaulas representava 20% em 1998, mas este nível aumentou para 90% em 2002. Consequentemente, o aumento de gaiolas cresceu depois de 2000,

[19] Com base na avaliação de peritos do Centro de incubação da província de An Giang.

[20] Extensão aquícola: A função da extensão aquícola é fornecer informação tecnológica, transferência de tecnologia de cultivo, aconselhamento sobre tecnologia de apoio, capacitação (por exemplo, formação, excursão, workshop) relativamente ao conhecimento da aquicultura para os aquicultores e outros envolvidos.

assim como a cultura de peixe tra, o que significa que os piscicultores prestaram muita atenção à cultura de peixe tra em gaiolas e à redução da cultura de peixe basa em gaiolas, devido a muitas razões. Como se pode ver na figura 11, a única vantagem do basa é o seu elevado preço de venda.

Figura 9: Canais de extensão da aquacultura para o piscicultor antes da guerra do peixe-gato

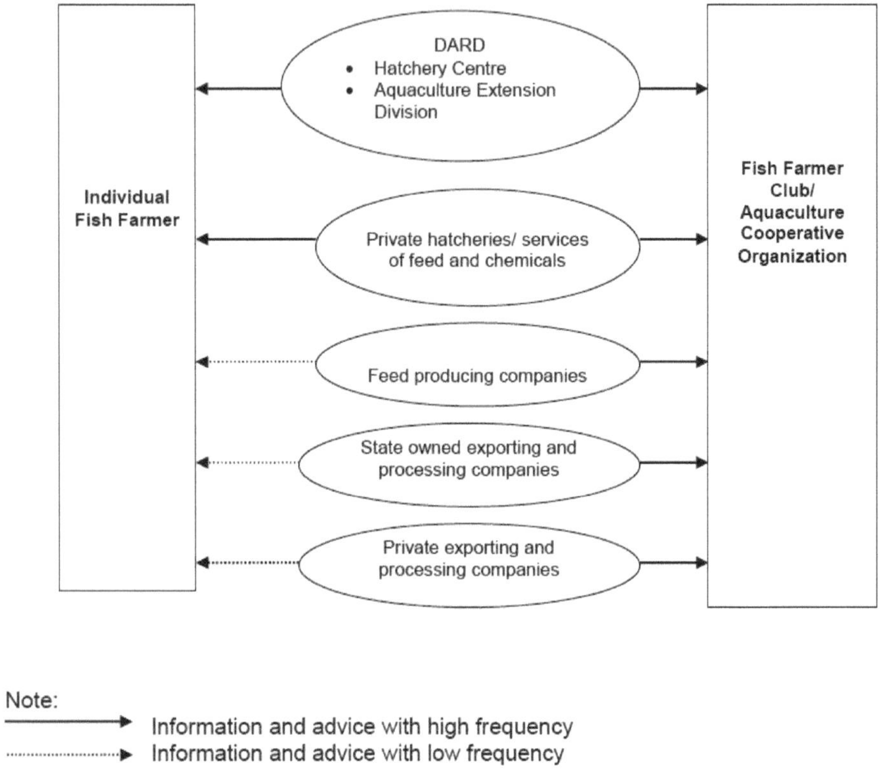

Figura 10: Percentagem de jaulas ocupadas por peixes tra e basa

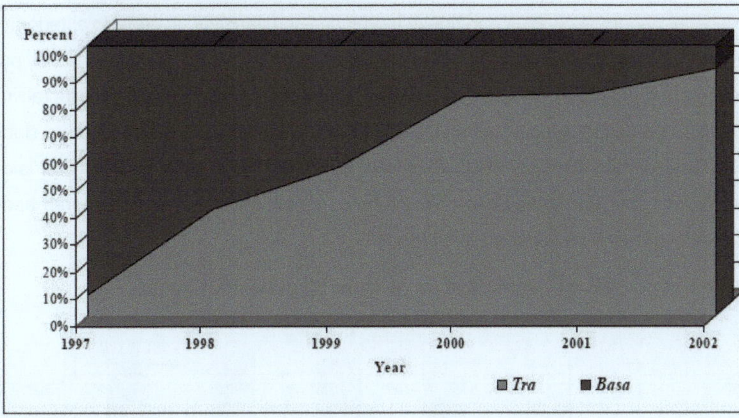

Fonte: Departamento de Agricultura e Desenvolvimento Rural de An Giang

Devido à melhoria bem sucedida da tecnologia de produção, a qualidade do peixe tra foi aumentada. Em comparação com a criação de basa, a criação de tra pode obter mais benefícios do que a criação de basa, uma vez que o custo de produção de tra é inferior ao de basa. Consequentemente, a cultura de tra em tanques é atractiva para os agricultores.

Figura 11: Comparação dos benefícios do basa e do produto de peixe tra

Comparison between the basa and the tra fish production

Basa fish

- Raising duration: 12 months
- High initial investment cost of tra raised in cage
- Average production cost: 10,700VND/kg
- Fingerling cost: 3,500VND/fish
- Average mortality rate: 30%
- Rate of fillet: 4kg of live fish produces 1kg of fillet
- Selling price of live basa fish: 13,300VND/kg

Tra fish

- Raising duration: 6-7 months
- Low initial investment cost of tra (case of tra fish raised in pond)
- Average production cost: 8,636VND/kg
- Fingerling cost: 500-1,500VND/fish
- Average mortality rate: 25%
- Rate of fillet: 3 kg live fish produces 1 kg of fillet
- Selling price of live tra fish: 11,500VND/kg

Fonte: Inquérito próprio - realizado de outubro a novembro de 2002 em províncias do Delta do Mekong: An Giang, Can Tho e Dong Thap.

Devido à mudança para o peixe-armadilha de gaiola, o rendimento do peixe-armadilha aumentou consideravelmente. A sua percentagem aumentou de 7,69% em 1997 para 90,95% em 2002. Como mostra a figura 12, quando se considera também os peixes-traça criados em tanques, a percentagem de peixes-traça no rendimento total aumentou de 58,8% em 1998 para 92,5% em

2002.

Do que precede, podemos concluir que houve mudanças substanciais no período anterior à "guerra do peixe-gato". As jaulas para cultivar peixe tra foram expandidas enquanto as jaulas para criar peixe basa foram reduzidas, uma vez que o peixe tra se tornou gradualmente mais lucrativo do que o peixe basa. O piscicultor de grande escala, ou o piscicultor que está envolvido num clube, pode dirigir-se a mais canais do sistema de extensão de aquacultura. Eles podem obter alevins de qualidade assim como os empréstimos necessários, sendo direta e frequentemente apoiados e ajudados pelas companhias exportadoras e bancos.

Figura 12: Percentagem da quantidade do produto do peixe tra e basa

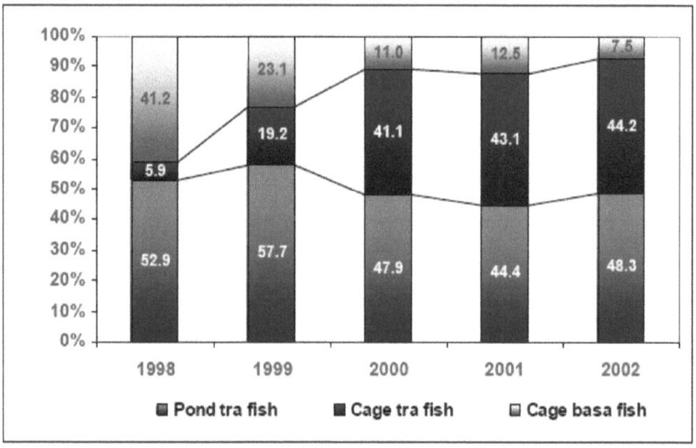

Fonte: Departamento de Agricultura e Desenvolvimento Rural de Angiang

Situação de consumo

Com base nas oportunidades proporcionadas pelo embargo levantado pelos EUA em 1995 e pela assinatura do acordo de comércio livre, os exportadores vietnamitas aceleraram a sua penetração no mercado dos EUA, especialmente no que respeita aos filetes de peixe-gato congelados, com a vantagem de terem custos de produção reduzidos (por exemplo, mão de obra e custo barato dos alevins). A maturidade da indústria vietnamita de produção de tra e basa, tal como ilustrado na figura 13, resultou num aumento do volume de exportação de filetes de peixe-gato congelados para o mercado dos EUA, com uma taxa de crescimento média anual de 157% entre 1996 e 2002. De acordo com a Harmonized Tariff Schedule dos EUA, os filetes de peixe-gato congelados importados de países que têm relações comerciais normais com os EUA beneficiam de uma tarifa de zero por cento. No entanto, os filetes de peixe importados de países sem relações comerciais normais estão sujeitos a um direito de 4,4 cêntimos de dólar dos EUA por quilograma. Assim, até à data de entrada em vigor do acordo de comércio livre entre o VN e os EUA, era cobrado um direito de importação de 4,4 cêntimos de dólar dos EUA/kg sobre os filetes de tra e basa. Com o preço médio de exportação de 3,13 USD/kg, o direito era de cerca de 1,4% do valor de importação. No entanto, a partir de dezembro de 2001, o produto deixou de estar sujeito a direitos aduaneiros.

Figura 13: Volume de exportação de filetes de tra e basa congelados para os EUA (ton)

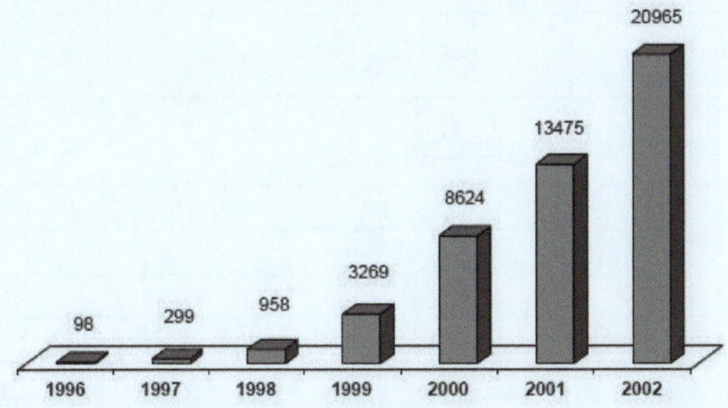

Fonte: Comissão de Comércio Internacional dos EUA, Data Web.

Pela primeira vez na história, a indústria vietnamita de peixe tra e basa abalou fortemente a indústria americana de peixe-gato, como ilustrado pelo crescimento da quota de mercado das importações vietnamitas para os EUA até 17,34% (convertido em peso vivo) em 2002, de 0,14% em 1996, como mostra a figura 14.

Figura 14: Parte de mercado das importações do Vietname pelos EUA (convertida em peso vivo)

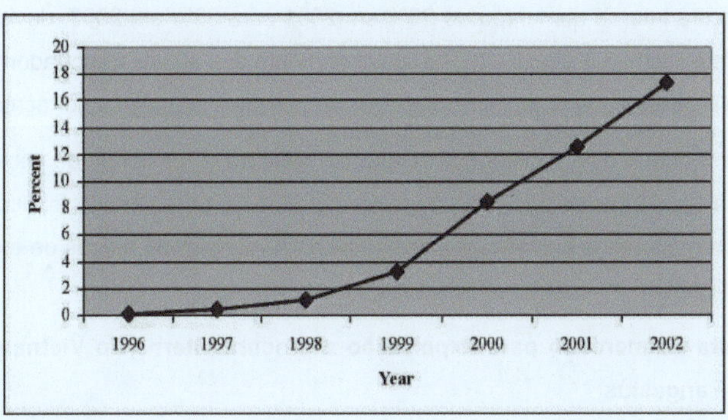

Fonte: USDA FAS, NMFS

Apesar de os Estados Unidos terem levantado uma barreira comercial contra o Vietname, tal não ajudou este país a melhorar a sua situação no mercado. Pelo contrário, o mercado americano de filetes de peixe-gato congelados piorou, devido à estratégia de preços dos exportadores e transformadores vietnamitas, que reduziram os preços consecutivamente de 4,65 USD/kg em 1996 para 2,99 USD/kg[21] em 2002. O preço vietnamita atingiu o seu nível mais baixo em 2001, o que teve um impacto no preço do filete de peixe-gato congelado nos EUA, que desceu, como ilustrado na figura 15, atingindo o seu nível mais baixo em 2002.

[21] Taxa de câmbio 2002: 1USD = 15,441 VND.

Figura 15: Preço dos filetes de peixe-gato congelados entre o Vietname e os EUA

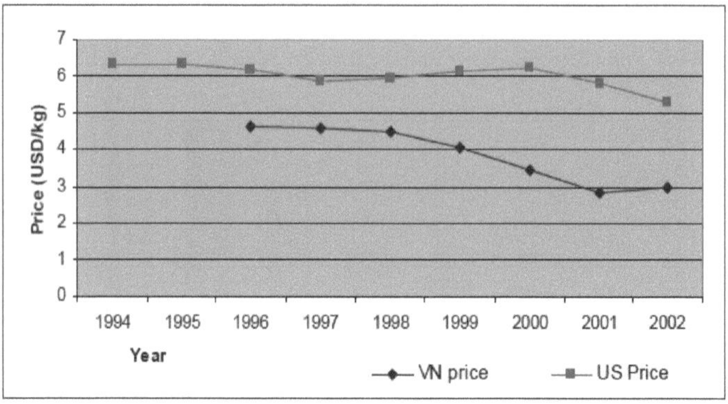

Fonte: Comissão de Comércio Internacional dos EUA, Data Web e Departamento de Economia Agrícola - base de dados de peixe-gato de 2004.

Em reação à deterioração da situação do mercado, os EUA ergueram outra barreira comercial contra o Vietname, impondo um direito anti-dumping. Isto provocou uma queda da quota de exportação do peixe basa e tra vietnamita em 2002, de 75% para 67% (figura 16). A quota de mercado da procura interna aumentou de 25% em 2001 para 33% em 2002, devido à "guerra do peixe-gato" entre o Vietname e os EUA. Parece claramente que alguns exportadores e produtores diversificaram e visaram o mercado interno através de produtos de maior valor acrescentado.

Com a melhoria contínua da tecnologia de cultura do peixe tra, a qualidade do peixe tra produzido na MD satisfaz as preferências dos consumidores dos EUA. Este fenómeno foi acompanhado por estratégias de promoção dos exportadores vietnamitas. A margem de preços de exportação entre os produtos de filetes de tra e de basa converge, como aconteceu em 2002.

Figura 16: Quota de mercado para exportação e procura interna no Vietname e preço de exportação do Pangasius

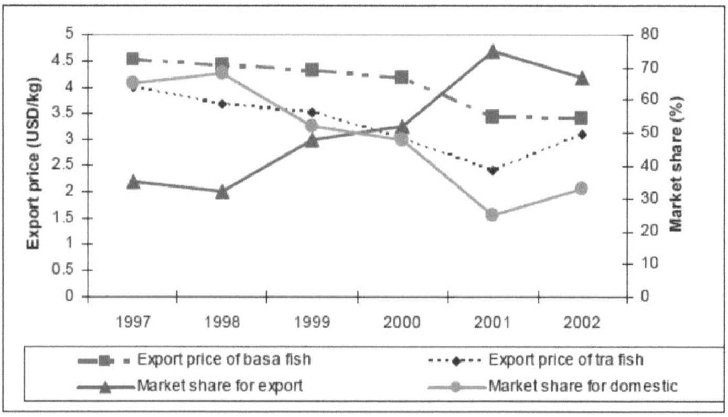

Fonte: Ministério da Aquacultura e Departamentos Provinciais de Aquacultura

Em suma, o mercado do pangasius na MD está estreitamente ligado ao mercado internacional. A Decisão 80 do Governo permite que o sistema de contratos resolva mais eficazmente a situação anti-dumping. Esta decisão permite que os agricultores vendam o seu produto em conformidade com os contratos assinados, minimizando assim o problema da flutuação dos preços. Os vendedores terão a garantia de um preço que estabilizará os seus meios de subsistência e os compradores beneficiarão do facto de disporem de fornecedores fiáveis e da quantidade necessária para cumprir os seus contratos. No entanto, subsistem muitos problemas. As empresas produtoras para exportação gostam de comprar grandes volumes, ao passo que a maioria dos produtores de peixe são pequenos agricultores. Além disso, as violações dos contratos entre agricultores e compradores tornaram-se complicadas e voláteis. Há casos em que os agricultores não vendem aos compradores quando o preço de mercado aumenta, pois preferem vender a outros compradores que pagariam mais. Outros exemplos são os compradores que não compram os produtos na quantidade inicialmente acordada, mas compram a outros vendedores a um preço mais baixo. De qualquer modo, o acordo contratual é um bom instrumento para estabelecer um mercado estável a curto prazo. Em particular, os piscicultores podem manter a sua atividade com base num ganho razoável.

b. <u>Depois da guerra do peixe-gato</u>

Situação da produção

Ao contrário do período anterior à guerra do peixe-gato, os piscicultores expandiram a sua área de cultivo com a agricultura em grande escala e reformaram a sua forma de cultivo. Inicialmente, An Giang é a única província na MD que tem uma organização setorial, isto é, a Associação de Pescadores de An Giang (AFA), estabelecida em 2003. Trata-se de uma melhoria significativa na estratégia de produção da comunidade piscícola, como uma boa lição e experiência após as perdas sofridas com a guerra do peixe-gato. De facto, esta organização desempenha um papel fundamental na redução do fosso entre a empresa de transformação para exportação e o agricultor, aproximando-os um do outro, satisfazendo a necessidade de cada um por um bom preço e qualidade, e também equilibrando a oferta e a procura.

Outro acontecimento importante para a indústria vietnamita do tra e do basa foi a criação, em 2004, de uma sociedade de agricultores, denominada AFA Joint Stock Company of Importing and Exporting Aqua-products (AFASCO), o que demonstra que os piscicultores da MD pretendem afirmar as suas capacidades no mercado livre. Muitos mais agricultores têm acesso à produção de pangasius, pelas seguintes razões:

- O potencial de desenvolvimento da cultura do pangasius é muito elevado devido às condições naturais. O Governo está muito interessado em desenvolver a aquicultura como parte da política de transição económica. A procura em todo o mundo está a mudar da carne de gado para o peixe. O surto de gripe aviária reforçou ainda mais a procura de produtos da pesca.

- As cheias anuais que atingem zonas como a província de An Giang são controladas. O dique do tanque onde o peixe é criado pode ser protegido e não se romperá.

- O conflito comercial entre o Vietname e os EUA, conhecido como a guerra do peixe-gato, constitui uma excelente oportunidade para desenvolver outros destinos de exportação no mundo, por exemplo, os mercados europeu e asiático.

No entanto, os piscicultores ainda enfrentam desvantagens na procura de alevins, porque as incubadoras estatais só podem fornecer cerca de 15%[22] da procura de alevins, por exemplo, na província de An Giang. A maioria dos alevins é produzida por incubadoras comerciais, mas existem sérias preocupações sobre a viabilidade, a qualidade e o estado de higiene do seu stock, o que se traduz numa qualidade inferior (resultado da produção) do produto acabado.

De acordo com a figura 17, os piscicultores da AFA têm recebido actividades de extensão aquícola com maior frequência do que os piscicultores individuais. O novo canal de extensão aquícola, através da AFASCO, tem desempenhado um papel importante para ajudar os aquicultores a obter informação sobre tecnologia e sobre os mercados doméstico e internacional. Por outro lado, a AFA é também uma organização legal e elegível para assinar diretamente contratos para explorações que cumpram os requisitos rigorosos das empresas de processamento de exportação. A AFA pode ser vista como o centro que recebe diretamente tecnologias agrícolas avançadas, bem como informações sobre o mercado nacional e internacional de empresas e organizações governamentais (por exemplo, Departamento de Agricultura e Desenvolvimento Rural, Departamento de Comércio, etc.), e as transfere para os seus membros e para a comunidade agrícola. Após um ano de estabelecimento, a AFA foi avaliada como um modelo eficaz, com o qual outras províncias aprenderam e aplicaram este modelo. Até à data, as províncias envolvidas na produção de peixe pangasius, como Can Tho e Dong Thap, desenvolveram uma associação de pesca para si próprias.

Em geral, a tendência da produção de pangasius tem aumentado durante 10 anos de 1995 a 2004 como mostra a figura 18. As quantidades de peixe tra por tanque representam normalmente uma parte elevada em 2004 (53%) em comparação com 2003 (29,8%), como indicado anteriormente. Em particular, de acordo com as últimas estatísticas da província de An Giang, o rendimento total de matéria-prima de peixe tra é de 143.071 toneladas[23] em 2005, em que o peixe tra criado em tanques ocupa cerca de 77,5%, e o peixe tra cultivado em gaiolas representa 22,5%. Algumas das razões pelas quais os piscicultores se concentram na produção de peixe tra num tanque em vez de numa gaiola são (figura 19):

- O custo de investimento inicial de uma gaiola é mais elevado do que o de um tanque
- A taxa de mortalidade dos peixes tra criados numa gaiola é mais elevada do que num tanque

---

[22]Avaliação de peritos sobre o centro de incubação do Departamento de Agricultura e Desenvolvimento Rural de An Giang em junho de 2006.

[23]Departamento da Agricultura e do Desenvolvimento Rural (DARD) e Departamento do Comércio da província de An Giang.

- O custo de produção do tra de gaiola é mais elevado do que o do tra de tanque
- O preço do tra de lago é mais elevado do que o do tra de gaiola
- O piscicultor pode controlar mais facilmente a fonte de água num tanque do que numa gaiola

Figura 17: Canal de extensão da aquacultura para os piscicultores após a guerra do peixe-gato

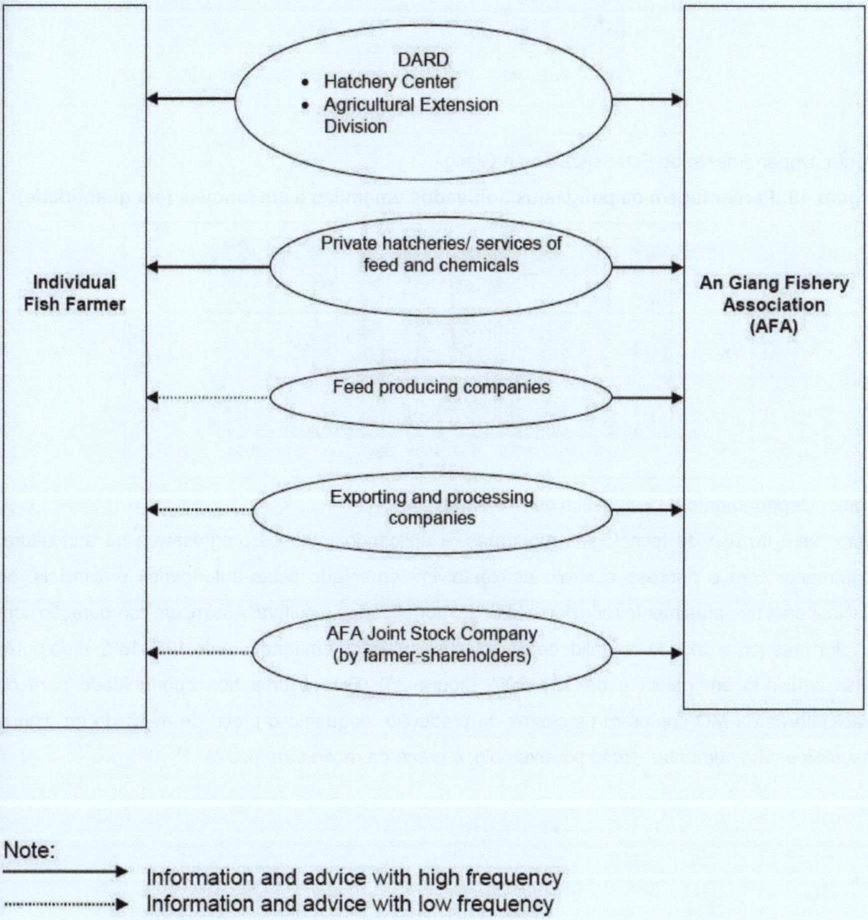

Figura 18: Tendência da quantidade de pangasius vivos na província de An Giang

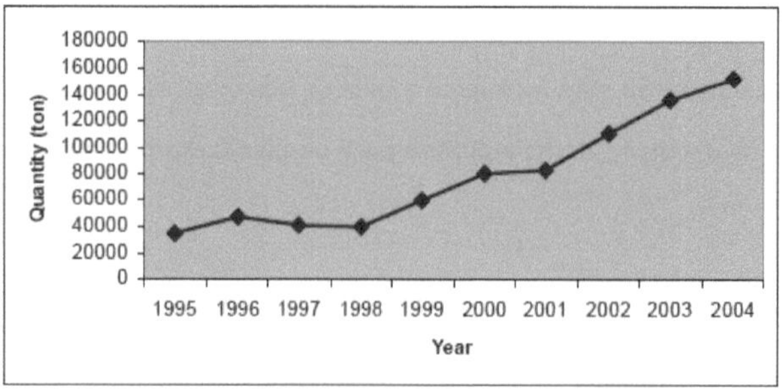

Fonte: Departamento de Estatística de An Giang

Figura 19: Percentagem de pangasius cultivados em jaulas e em tanques (em quantidade)

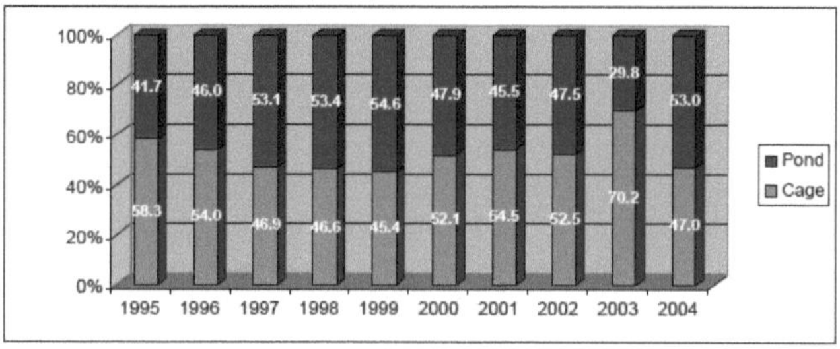

Fonte: Departamento de Estatística de An Giang.

Com base no uso de tecnologias modernas, e aplicando modelos progressivos na agricultura, juntamente com o rigoroso controlo ambiental implementado pelas autoridades provinciais, os piscicultores têm atualmente reduzido a taxa de mortalidade na cultura. Assim, em comparação com o valor anterior, a taxa de mortalidade do peixe tra cultivado em tanque é de 10%-18%, e do peixe basa cultivado em gaiola é de 17%-20% (figura 20). Esta é uma boa oportunidade para os piscicultores da MD conterem os custos de produção, enquanto o preço de mercado de alguns insumos está a aumentar, como por exemplo, o preço da ração para peixes .[24]

[24] O seminário "Estudo de mercado do pangasius cultivado do delta do Mekong" realizou-se em junho de 2005 na Universidade de Can Tho.

Figura 20: Comparação da eficiência de peixes tra cultivados numa gaiola versus cultivados num tanque

Tra fish cultured in a cage and in a pond

Tra fish cultured in a cage

- High initial investment cost
- Banking interest rate cost accounting for 3.15%
- Fingerling cost accounting for 16,13%
- Mortality rate: 17-20%
- Production cost: 8,594 VND/kg
- Selling price: 12,100VND/kg

Tra fish cultured in a pond

- Low initial investment cost
- Banking interest rate cost accounting for 2, 9%
- Fingerling cost accounting for 11.28%
- Mortality rate: 10-18%
- Production cost: 7,7187VND/kg
- Selling price: 12,300VND/kg

Fonte: Inquérito próprio - efectuado na província de An Giang em junho de 2005.

As notícias diárias sobre os preços do DARD de An Giang de janeiro de 2004 a agosto de 2005.

Situação de consumo

A indústria do pangasius do Vietname tem vindo a atravessar um período de mudança radical. Os agricultores e os transformadores têm tentado reduzir a sua dependência do mercado dos EUA, diversificar ainda mais a sua gama de produtos e desenvolver melhores conceitos de comercialização. Por exemplo, a AGIFISH, uma das principais empresas de transformação de pangasius, tem vindo a expandir o seu mercado interno e de exportação, oferecendo mais de 100 produtos de basa e tra, e a AFIEX mais de 40 produtos. Embora o valor dos produtos congelados (produtos de valor acrescentado) continue inicialmente a ser regional, a procura desses produtos está agora a aumentar nos supermercados e nos restaurantes. Durante os primeiros sete meses de 2003, a AGIFISH e a AFIEX obtiveram, em conjunto, um volume de negócios de cerca de 1,5 milhões de dólares no mercado nacional. A AGIFISH, com os produtos tra e basa a ocuparem mais de 90% do mercado, recuperou rapidamente a quantidade e o valor das exportações após o conflito comercial. O valor das exportações em 2002 e 2003 foi, respetivamente, de 30 e 26 milhões de USD, mas o valor das exportações em 2004 subiu para 46 milhões de USD, com uma quantidade de 15 000 toneladas, ver quadro 17.

Quadro 17: Situação das exportações da AGIFISH

Descrição	2000	2001	2002	2003	2004
Volume de exportação (toneladas)	5,200	7,200	10,400	10,600	15,000
Valor das exportações (milhões de USD)	24	26	30	26	46

Fonte: Jornal n.º 15-2005 VASEP

O período mais difícil para a indústria vietnamita do pangasius após a decisão anti-dumping dos EUA foi no final de 2003 e nos primeiros meses de 2004. As existências elevadas e os preços baixos na MD criaram um sentimento de incerteza e desânimo no sector. A recuperação subsequente do sector exigiu uma reorganização por parte dos exportadores, a procura de novos clientes e a identificação de novos mercados.

Entretanto, a procura dos canais de mercado existentes recuperou durante o segundo trimestre de 2004. Os importadores norte-americanos de pangasius continuaram a efetuar encomendas, mas exigiram uma rastreabilidade rigorosa do produto. A maioria dos exportadores aceitou pagar os direitos anti-dumping instituídos, a fim de acelerar as vendas para o mercado dos EUA e, ao mesmo tempo, desenvolver novos mercados internacionais, nomeadamente os mercados da UE, mas também alguns mercados da Ásia e da Oceânia.

A guerra do peixe-gato tem consequências muito negativas para os exportadores vietnamitas. Em 2003, as importações americanas de filetes de pangasius congelados provenientes do Vietname diminuíram quase 50%. Esta situação afectou as frágeis economias locais e os meios de subsistência dos produtores de peixe-gato e de outras partes interessadas. Verificou-se um aumento do desemprego rural, devido ao facto de muitos piscicultores não terem podido vender os seus produtos, o que os levou a sofrer perdas financeiras que, por sua vez, conduziram à falência, uma vez que a criação de pangasius é a sua principal ocupação.

Influenciados pelo inquérito anti-dumping dos EUA, os exportadores vietnamitas ajustaram a sua estratégia de preços, aumentando o preço de exportação dos produtos em filetes de pangasius no mercado dos EUA, apesar de ainda não ter sido tomada uma decisão formal sobre o processo de dumping. O aumento do preço de exportação foi claramente o resultado de uma psicologia comum dos exportadores vietnamitas face à petição judicial dos piscicultores americanos. A evolução do aumento do preço de exportação dos filetes de pangasius é apresentada entre os últimos meses de 2002 e os primeiros seis meses de 2003 (ver figura 21). No entanto, após esse ano, os preços voltaram a descer lentamente, enquanto o preço dos filetes de peixe-gato congelado dos EUA tem uma tendência ascendente de 2003 até ao final de 2005.

Figura 21: Preço do filete de peixe-gato congelado nos EUA e no Vietname

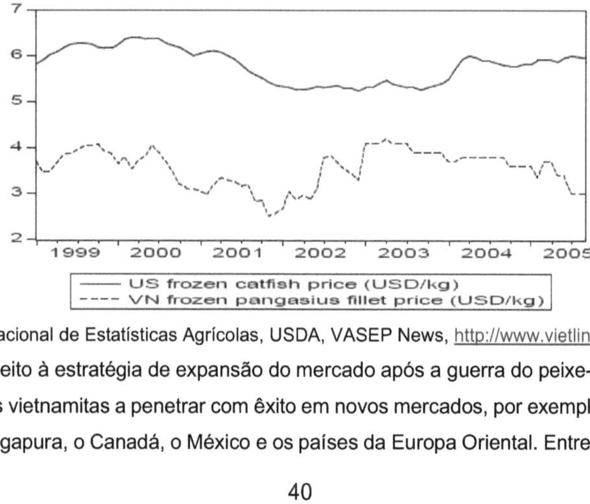

Fonte: Serviço Nacional de Estatísticas Agrícolas, USDA, VASEP News, http://www.vietlinh.com.vn

No que diz respeito à estratégia de expansão do mercado após a guerra do peixe-gato, que ajudou os exportadores vietnamitas a penetrar com êxito em novos mercados, por exemplo, a UE, a China, Hong Kong, Singapura, o Canadá, o México e os países da Europa Oriental. Entre estes, a UE está a tornar-se um "mercado emergente" para os produtos de pangasius, representando 38,38%, o equivalente a 55 172 toneladas do Vietname em 2005, e 46,61%, o equivalente a 123 312 toneladas em 2006. O mercado mais importante é o da ASEAN, com 15,32%, equivalente a 22 435 toneladas em 2005, seguido do mercado dos EUA, com 10,27%, equivalente a 22 022 toneladas, na mesma altura. Isto significa que os exportadores vietnamitas se adaptaram muito rapidamente ao desafio e entraram nestes novos mercados, não dependendo apenas do mercado dos EUA. No que respeita à UE, a quantidade e o valor das exportações de pangasius registaram um aumento acentuado entre 2004 e 2007 (figura 22). As razões que induzem uma taxa de crescimento mais elevada são as seguintes

- A qualidade do pangasius vietnamita melhorou para satisfazer as exigências dos clientes internacionais, no que diz respeito à higiene e à segurança alimentar, e isto a um preço razoável.

- O surto de gripe aviária na Ásia levou os europeus a optar pelo peixe em vez da carne de aves.

Figura 22: Importações comunitárias de Pangasius do Vietname (1999-2007)

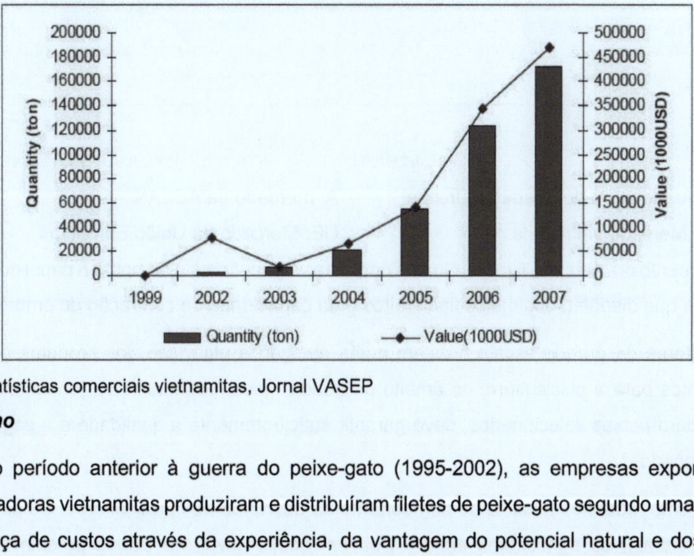

Fonte: Estatísticas comerciais vietnamitas, Jornal VASEP

5. Resumo

Durante o período anterior à guerra do peixe-gato (1995-2002), as empresas exportadoras e transformadoras vietnamitas produziram e distribuíram filetes de peixe-gato segundo uma estratégia de liderança de custos através da experiência, da vantagem do potencial natural e dos recursos intangíveis, tais como as competências e a experiência das pessoas. Esta estratégia foi aplicada com sucesso nos EUA, o principal mercado de exportação das empresas exportadoras e transformadoras vietnamitas (ver figura 23). No mesmo período, os produtos de valor acrescentado para o mercado interno são ignorados pelas empresas, enquanto os consumidores domésticos consomem peixe tra e basa com base na cozinha tradicional, não transformado. Contudo, após a guerra do peixe-gato, os exportadores vietnamitas viram muitos concorrentes, por exemplo, a China. Assim, desenvolveram uma estratégia de diferenciação da produção através de produtos de valor acrescentado baseados na qualidade, segurança, design, fiabilidade, facilidade de preparação e sabor. Paralelamente, os níveis de publicidade destas empresas também tendem a ser elevados para utilizar esta estratégia. A estratégia neste caso é utilizada popularmente no mercado internacional, como os EUA, a ASEAN e a Europa, e no Vietname.

A entrada dos filetes de pangasius vietnamita no mercado dos EUA provocou mudanças evidentes, não só na tecnologia, mas também na estratégia de consumo. Os piscicultores da MD têm um maior sentido de seleção dos alevins de qualidade, tendo também em conta a origem e a reputação da incubadora de alevins.

Em particular, os alevins de peixe identificados estão de boa saúde, não foram tratados com antibióticos, tal como certificado pelo organismo legal de controlo de qualidade e segurança.

Figura 23: Grupos estratégicos da indústria produtora vietnamita

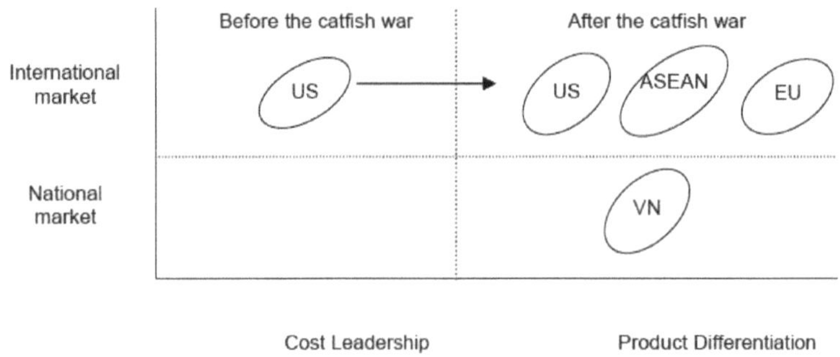

Chave: EUA: Mercado dos Estados Unidos A: mercado da ASEAN

VN: Mercado vietnamita UE: Mercado da União Europeia

O funcionamento do mercado livre elimina os pequenos aquicultores e aumenta o papel dos grandes aquicultores que dispõem dos meios financeiros e da capacidade de contração de empréstimos.

Os piscicultores de grande escala prestam muita atenção à utilização dos produtos químicos e medicamentos para a piscicultura, no âmbito do quadro governamental. Isto, juntamente com os alimentos para peixes selecionados, deve garantir suficientemente a qualidade e a segurança do produto acabado.

Verifica-se uma mudança positiva no comportamento de venda dos piscicultores. Os piscicultores de grande escala, os agricultores em AFA ou em cooperativas ou clubes prestam atenção à agricultura por contrato com as EPCs, com base num benefício mútuo. O facto de as EPC poderem controlar ativamente a fonte de abastecimento de matérias-primas de peixe também beneficia as EPC.

Também a produção mudou significativamente antes e depois da guerra do peixe-gato, uma vez que a fonte de alevins de peixe após a guerra do peixe-gato é muito abundante. Consequentemente, os piscicultores podem procurar ativamente alevins de boa qualidade e a baixo preço.

Depois da guerra do peixe-gato, os piscicultores têm mais oportunidades de comunicar com o canal de extensão também, e de obter informação de mercado fornecida pela AFA, AFASCO e DARD.

Outras mudanças, comparando a situação antes e depois da guerra do peixe-gato, estão representadas na tabela 18 abaixo, que também resume as mudanças mencionadas anteriormente.

Quadro 18: Antes e depois da guerra do peixe-gato

	Antes da guerra do peixe-gato	**Depois da guerra do peixe-gato**
Produção * *Fonte de alevins*	- De fonte natural e fertilização artificial	- Principalmente fertilização artificial
* *Custo de produção*	- Baixo custo devido ao facto de se utilizar principalmente ração caseira	- Custo elevado devido ao aumento do preço dos alimentos industriais para animais
* *Tipo de cultura*	- Diminuição da cultura de basa, mas aumento da cultura de tra em gaiolas	- Diminuição da cultura de tra na gaiola, mas aumento da cultura de tra nos lagos
Sistema de extensão da aquicultura	- Os principais canais de extensão aquícola são o DARD para os agricultores individuais	- Os principais canais de extensão da aquicultura são o DARD, a AFA, a AFASCO e as empresas
* *Escala de produção*	- Produtores de peixe com explorações de pequena escala	- Produtores de peixe com explorações em grande escala
* *Qualidade do produto*	- Agricultores preocupados com o aumento da produtividade	- Agricultores preocupados com a melhoria da qualidade e a garantia da segurança alimentar
Mercado e comercialização		
Estratégia de mercado	- Os EUA são um mercado-chave	- Diversificação de mercados como a UE, os EUA e a ASEAN
	- Estratégia de penetração com liderança de custos e com os principais filetes de peixe-gato congelados	- Estratégia de penetração com diferenciação de produtos, como filetes e produtos de valor acrescentado, e diversificação do mercado
	- Ligação negativa entre o piscicultor e a empresa	- Ligação positiva entre o piscicultor e a empresa
* *Organização*	- Produtores individuais, clubes ou grupos de piscicultores, com a limitação da organização do mercado	- AFA fundada, juntamente com o desenvolvimento do sistema de informação de mercado
	- Piscicultores com pouca informação sobre o mercado	- Os piscicultores têm uma boa oportunidade de obter informações sobre o mercado através da AFA, AFASCO, DARD,...
* *Imposto de exportação*	- Isenção do imposto de exportação (direitos aduaneiros reduzidos a zero)	- Imposto anti-dumping
* *Barreiras*	- Encontrar barreiras comerciais (por exemplo, litígio comercial)	- Enfrentar barreiras tecnológicas e barreiras comerciais
Política de desenvolvimento sustentável	- Empresas públicas	- Privatização de empresas públicas
	- Contrato informal entre o produtor de	- Contrato formal baseado no

	peixe e as empresas produtoras (comerciantes e agricultores com base num acordo verbal)	preço mínimo
	- Desenvolvimento da ideia de um modelo de ligação entre quatro casas[25]	- Forte implementação da política de ligação de quatro casas
	- Não existe um plano diretor claro para a produção de tra e basa	- Plano diretor baseado na proteção do ambiente
	- A VASEP é uma organização jovem com falta de experiência	- A VASEP tem mais experiência e conhecimentos
	- Fraco sistema de gestão e controlo da qualidade	- Sistema rigoroso de gestão e controlo da qualidade

Existem duas abordagens do sector do pangasius na MD. A primeira abordagem é a *"abordagem orientada para a produção"*. Esta foi a abordagem dominante no período anterior à guerra do peixe-gato. A política centrava-se nos factores de produção e nos piscicultores. Tentou pôr os agricultores em contacto com a tecnologia de produção e com objectivos que aumentassem a produção e diminuíssem os preços para atrair os consumidores. Além disso, foi fornecida informação técnica, o que exigiu um apoio financeiro substancial do sector público e de doadores. No período após a guerra do peixe-gato, houve uma mudança para uma *"abordagem orientada para o mercado"*. A política centrou-se nos resultados e nas necessidades do mercado, e teve como objetivo reforçar as ligações comerciais entre os agricultores e os mercados. Visava igualmente as deficiências e ineficiências do mercado. Em especial, a produção baseava-se na procura do mercado e exigia sempre novas competências, enquanto a rendibilidade era reforçada pelo aumento da produção e dos preços.

Embora atualmente existam vários canais de extensão aquícola disponíveis para os aquicultores, o sistema de extensão de base é ainda limitado, devido à falta de pessoal de extensão e de capacidade. A rede de informação sobre o mercado, que foi criada, ainda não satisfez a procura dos piscicultores, porque a maior parte da informação diz respeito ao preço nos mercados de peixe vivo, sem as previsões de mercado para o mercado internacional e doméstico. Além disso, a qualidade da informação é limitada. A abordagem comercial entre os EPC e os piscicultores baseia-se apenas na forma tradicional de fazer negócios, enquanto o sistema de rastreabilidade não foi aplicado.

[25] Este conceito baseia-se no desenvolvimento de ligações sinérgicas entre os agricultores, as empresas, os cientistas e o governo. O objetivo é integrar estes quatro elementos de forma a aumentar a quantidade, a qualidade, a produtividade e a rentabilidade da produção aquícola.

Capítulo 6. Conclusão geral

O presente estudo propõe-se investigar questões centrais conexas, divididas em diferentes secções. A primeira secção refere-se ao desempenho da economia vietnamita na transição da economia centralmente planificada para o mercado livre. O processo de transição é apresentado e o Vietname percorreu um longo caminho para reformar o seu mercado interno e para o integrar no mercado mundial. A transição na produção agrícola é a mais proeminente: anteriormente, o Vietname era um país que importava arroz de outros países, mas, após o período de transição, tornou-se um país que exportava fortemente arroz para o mercado mundial. Chegou mesmo a ser o segundo país exportador de arroz do mundo. Embora o Vietname desenvolva muitas políticas para abordar a sua economia livre, o processo de implementação da transição parece lento e há muitos problemas a enfrentar, como a falta de capital humano.

O processo de desenvolvimento da aquicultura é a segunda questão discutida e apresenta as mudanças nas políticas de abordagem para desenvolver a aquicultura e para integrar a economia mundial, por exemplo, a abordagem orientada para o mercado substituindo a abordagem orientada para a produção. Apesar dos resultados obtidos com as políticas de reforma do mercado, ainda existem problemas no sector das pescas vietnamita. O problema mais preponderante é que os países desenvolvidos impuseram normas de qualidade rigorosas e controlaram estritamente a garantia de higiene dos alimentos antes da importação, ao passo que o sistema de gestão da qualidade do sector das pescas vietnamita tem vindo a ser gradualmente melhorado, em especial ao nível da agricultura.

Ao mesmo tempo que o Vietname se tornou muito bem sucedido na exportação dos seus produtos da pesca, também foi desafiado por disputas comerciais internacionais. Na tentativa de responder à questão sobre as mudanças na estrutura do mercado do pangasius vietnamita devido ao conflito comercial com os EUA, o conteúdo 4 explica este facto. Aqui, são deduzidas as principais razões que levaram à "guerra do peixe-gato" entre os EUA e o Vietname, após o que é feita uma comparação da situação da produção de pangasius e do seu consumo entre dois períodos diferentes (nomeadamente antes e depois da guerra do peixe-gato). No que diz respeito às mudanças na estrutura de cultivo após a guerra do peixe-gato, o agricultor presta mais atenção ao investimento em espécies de pangasius que dão um maior lucro, como o peixe tra cultivado em tanque. Nomeadamente, o tra cultivado em tanques tem vantagens de baixo custo de investimento inicial e de baixa taxa de mortalidade dos alevins. Além disso, para o tra cultivado em tanques, a troca de água pode ser facilmente controlada (isto é, bombear água para dentro e para fora do tanque) e podem ser aplicadas técnicas avançadas de modelos de cultivo, por exemplo, a produção biológica de pangasius e o seu preço de venda à porta da exploração é elevado. Em contrapartida, a criação de peixes basa e tra em gaiolas não é interessante para o agricultor, por razões opostas. No que se refere à situação do consumo, os exportadores vietnamitas alargaram e diversificaram os seus mercados de exportação após a guerra do peixe-gato, em vez de o fazerem antes, quando os EUA eram o único mercado de exportação. Paralelamente, as empresas de exportação e transformação (EPC) adoptaram uma estratégia de diferenciação dos produtos, por exemplo, os produtos de valor acrescentado. As EPC estabelecem a sua própria fonte de abastecimento através da criação de clubes de pangasius. Além disso, celebram contratos de comercialização com os piscicultores de grande escala que satisfazem as suas exigências de qualidade e quantidade. Além disso, o sistema de informação de mercado é seriamente desenvolvido não só pelas EPCs, mas também pelas organizações governamentais.

A indústria vietnamita de pangaisus melhorou com a mudança do ambiente

O sector vietnamita do pangasius evoluiu de forma positiva na última década. As mudanças impressionantes na política inovadora de transição do Vietname de uma economia centralmente planificada para um mercado aberto criaram ambientes atractivos para os sectores económicos que estavam a iniciar uma atividade. A política de desenvolvimento da aquicultura é direcionada para todo o país, em especial para o delta do Mekong. As empresas públicas são privatizadas, enquanto as empresas privadas são mantidas. Tal como referido nas secções anteriores, a concorrência entre os sectores económicos no Delta do Mekong (MD) tornou-se mais feroz e a intervenção do governo desapareceu gradualmente. O mercado rural regista um crescimento considerável. A produção e o conhecimento do mercado por parte dos piscicultores foram reforçados. Além disso, o piscicultor tem mais oportunidades e opções para aceder aos mercados dos factores de produção e dos produtos, ou seja, para comprar os factores de produção ou para vender as colheitas. É geralmente reconhecido que a transição do Vietname de uma economia planificada para uma economia de mercado melhora a indústria da pesca vietnamita.

Como primeiro acontecimento histórico do conflito comercial com os EUA, a indústria vietnamita do pangasius aprendeu muitas coisas relacionadas com os jogos comerciais no período de integração no mercado mundial. Após a guerra do peixe-gato, surgiram novos intervenientes na cadeia de mercado, como as associações de pescadores, as organizações de agricultores, as empresas exportadoras e as empresas de transformação criadas pelos agricultores (por exemplo, a AFA Joint Stock Company). Este caso contribui para criar canais adicionais de extensão agrícola, aconselhamento técnico e informação sobre preços de mercado para o agricultor. De um modo geral, a indústria do pangasius no Vietname registou mudanças positivas, de que é exemplo a substituição da abordagem orientada para a produção pela abordagem orientada para o mercado.

Resposta do agricultor aos choques do mercado

O litígio comercial com os EUA provoca alterações significativas nas caraterísticas de cultivo dos agricultores da MD, como o aumento da escala de cultivo e do custo de produção do peixe pangasius vivo. São aplicados os modelos modernos de criação (por exemplo, produção pura de pangasius). O piscicultor tem significativamente mais melhorias nas caraterísticas de cultivo em direção a uma maior eficiência após a guerra do peixe-gato do que antes da guerra do peixe-gato.

Impacto do conflito comercial nas exportações

Com as vantagens do embargo deixado pelos EUA e do acordo comercial bilateral assinado pelos dois países (Vietname e EUA), a indústria vietnamita de pangasius tem mais oportunidades de acesso ao mercado mundial e obtém um rápido crescimento. Devido ao baixo custo de produção a nível da exploração agrícola, em que a mão de obra barata e os alevins baratos são os principais factores, os exportadores vietnamitas de pangasius têm a vantagem de utilizar a estratégia competitiva da liderança em termos de custos contra o peixe-gato americano. Com êxito, o mercado vietnamita de pangasius ocupa uma grande quota de 20% nos EUA. Consequentemente, o direito anti-dumping (AD) imposto pelos EUA visa pôr termo ao domínio do pangasius vietnamita, bem como proteger a indústria americana de peixe-gato. Esta ação reduz significativamente a quantidade de pangasius vietnamita importada pelos EUA. A título ilustrativo, o montante do direito anti-dumping tem um impacto negativo no volume e no valor das exportações de filetes de pangasius congelados do Vietname. É igualmente evidente que o volume de exportação e o valor de exportação dos filetes de pangasius congelados vietnamitas sofrem uma redução significativa, não só durante o primeiro mês seguinte ao mês de instituição das medidas anti-dumping de acordo com a determinação preliminar, mas também durante os dois primeiros meses após a determinação final.

Os resultados acima referidos são obtidos utilizando o modelo de efeitos fixos. Estes resultados significam que a terceira hipótese nula, segundo a qual o direito anti-dumping imposto pelos EUA sobre os filetes de pangasius congelados do Vietname não tem um impacto negativo no volume e no valor das exportações, é rejeitada. .

Diversificação e dinâmica do mercado

O litígio comercial com os EUA provocou uma queda considerável das exportações de pangasius vietnamita para os EUA. Consequentemente, a indústria vietnamita de pangasius ficou seriamente ameaçada, porque, nessa altura, o mercado dos EUA era o único mercado dos exportadores vietnamitas. Para ultrapassar a paralisação do mercado, as partes interessadas da cadeia de mercado reuniram-se para desenvolver programas de ação que envolvessem a reorganização do mercado. Em primeiro lugar, os exportadores vietnamitas procuraram novos mercados, por exemplo, a UE. Paralelamente, os piscicultores foram muito considerados pelos apoios oferecidos pelo aconselhamento técnico agrícola, a informação e o conhecimento do mercado. Em consequência, o mercado de exportação do pangasius foi completamente recuperado ao fim de um ano. A exportação da indústria vietnamita de pangasius voltou a crescer. Atualmente, quase 90% dos pangasius são exportados para o mercado mundial, dos quais mais de 50% para a UE. Os testes de cointegração revelam a existência de uma relação linear de equilíbrio a longo prazo entre o preço na exploração e o preço de exportação. Em particular, o preço na exploração está à frente do preço de exportação tanto para a UE como para os EUA, havendo provas de uma causalidade unidirecional da UE para os EUA. Consequentemente, uma estratégia de preços razoável aplicada para promover o mercado de consumo da UE é uma estratégia potencial para promover os EUA.

O resultado do teste da quarta hipótese nula (não existe uma elasticidade significativa de transmissão de preços do preço do pangasius na exploração para o preço de exportação dos filetes de pangasius congelados) é obtido pelo modelo de correção de erros, pelo que a hipótese nula é rejeitada, o que significa que o preço na exploração desempenha um papel significativo na determinação do preço dos filetes congelados para o preço de exportação. Este resultado é coerente com as nossas expectativas: um aumento do preço na exploração (devido a aumentos dos preços dos factores de produção, como os dos alimentos para animais ou dos medicamentos aquáticos em geral) conduzirá a um aumento dos preços de exportação. Por conseguinte, se o agricultor e a empresa de exportação tiverem um bom contrato de comercialização para gerir o preço adequado, ambos podem tirar maior partido da vantagem total do preço na exploração. Caso contrário, a concorrência desleal entre as empresas internas constituirá uma ameaça potencial para a indústria vietnamita do pangasius, sendo o agricultor o mais prejudicado.

Lições políticas retiradas do litígio comercial

Uma vez que os agricultores que entram impetuosamente na cultura do pangasius não estão organizados e não são controlados pelo governo local, é inevitável que a oferta exceda a procura do peixe pangasius vivo. Além disso, não existem ligações entre as empresas exportadoras internas e o mercado mundial, pelo que a concorrência de preços entre elas é desleal ou enganosa. É evidente que, devido a uma concorrência desleal entre os exportadores vietnamitas de pangasius, o preço de exportação baixou consideravelmente em 2002, o que deu origem a um litígio comercial entre os EUA e o Vietname. No entanto, para evitar que um tal litígio comercial se repita, o papel da Associação dos Exportadores e Produtores de Peixe do Mar do Vietname (VASEP) é muito importante, uma vez que contribui para ligar os exportadores internos de peixe do mar, para uma estratégia de preços de exportação uniforme e para o estabelecimento da marca pangasius no mercado mundial (uma vez que produtos como o peixe-gato vietnamita não são legais no acesso ao mercado dos EUA). Além disso, a Decisão 80/2002/QD-TTG sobre a agricultura sob contrato emitida pelo Primeiro-Ministro é pressionada e forçada a estabilizar o preço interno do pangasius vivo. Cada autoridade provincial começa a estabelecer as áreas adequadas para a criação de pangasius vivos, conhecidas como plano diretor, o que constitui um contributo significativo para a reorganização da criação de pangasius vivos de alta qualidade, juntamente com as questões de proteção ambiental. A qualidade dos alimentos e a garantia de higiene devem ser asseguradas através da aplicação do sistema de gestão da qualidade em termos do SQF 1000 (para o agricultor) e do SQF 2000 (para a empresa). A informação sobre o mercado e as previsões devem ser continuamente actualizadas, sendo as organizações governamentais, as associações de pesca (por exemplo, a AFA) e as empresas as principais responsáveis pela sua disponibilização aos piscicultores.

REFERÊNCIA

Cuc, N. S. (2003), "Vietnam Agriculture and Rural Area in the Renovation Period, 1986-2002", Nha Xuat Ban Thong Ke, 33-335/TK-2003, Ha Noi.

Drummond, H. E. e Goodwin, J. W. (2004), "Agricultural Economics", 2nd ed., por Prentice-Hall, Inc., Printed in the United States of Americia.

Heady, E. O. (1962), "Agricultural Policy under Economic Development", primeira edição, Iowa State University Press, impresso nos EUA.

Kodde, D. A. e Paml, F. C. (1986), "Wald Criteria for Jointly Testing Equality and Inequality Restrictions", Econometrica, Vol. 54, No.5, pp. 1243-1248.

Leung, S. e Riedel, J. (2001), "International and Development Economics", Working papers, Asia Pacific School of Economics and Government, Australian National University.

Leung, S. e Thanh, V. T. (1996), "Vietnam in the 1980s: Price Reform and Stabilization", BNL Quarterly Review, Vo. 49, pp. 187-207.

Marsh, J. e Ritson, C. (1971), "Agricultural Policy and the Common Market", European Series No. 16, Chatham House: PEP, Londres.

Woo, W. T., Parker, S. e Sachs, J. D. (1997), "Economies in Transition: Comparing Asia and Eastern Europe", Massachusetts Institute of Technology, pelo Center for Asian Pacific Affairs (CAPA) da Asian Foundation.

MIX
Papier aus verantwortungsvollen Quellen
Paper from responsible sources
FSC® C105338

Printed by Books on Demand GmbH, Norderstedt / Germany